दूसरी परम्परा की खोज

दूसरी परम्परा की खोज

नामवर सिंह

राजकमल प्रकाशन

ISBN : 978-81-267-1588-6

मूल्य : ₹495

पहला संस्करण : 1982
आठवाँ संस्करण : 2022

प्रकाशक : राजकमल प्रकाशन प्रा.लि.
1-बी, नेताजी सुभाष मार्ग, दरियागंज
नई दिल्ली-110 002

शाखाएँ : अशोक राजपथ, साइंस कॉलेज के सामने, पटना-800 006
पहली मंजिल, दरबारी बिल्डिंग, महात्मा गांधी मार्ग, प्रयागराज-211 001
वेबसाइट : www.rajkamalprakashan.com
ई-मेल : info@rajkamalprakashan.com

मुद्रक : बी.के. ऑफ़सेट
नवीन शाहदरा, दिल्ली-110 032

DOOSARI PARAMPARA KI KHOJ
Criticism by Namwar Singh

हजारीप्रसाद द्विवेदी के नामराशि
और समानधर्मा फक्कड़
आधुनिक कबीर
नागार्जुन
को
सत्तर पार करने पर

भूमिका

परम्परा के समान ही खोज भी एक गतिशील प्रक्रिया है। फिर भी इस यात्रा में पड़ाव आते हैं। यह पड़ाव, दुर्भाग्य से, तभी आया, जब पंडितजी न रहे। यह छोटी-सी पुस्तक उस पड़ाव का अनुचिन्तन है। इसमें न पंडितजी की कृतियों की आलोचना है, न मूल्यांकन का प्रयास। अगर कुछ है तो बदल देनेवाली उस दृष्टि के उन्मेष की खोज, जिसमें एक तेजस्वी परम्परा बिजली की तरह कौंध गई थी। उस कौंध को अपने अन्दर से गुजरते हुए जिस तरह मैंने महसूस किया, उसी को पकड़ने की कोशिश की है। सफल कहाँ तक हो सका, इसका उत्तर 'परम्परा की दूसरी खोज' ही देगी। सम्भव है, इसमें मेरी अपनी खोज भी मिल जाय!

कोशिश यही रही है कि न किंचित् अमूल लिखा जाय, न अनपेक्षित। वैसे, स्वयं पंडितजी ने 'मेघदूत' की टीका में मल्लिनाथ को प्रणाम करके इस आदर्श में थोड़ी-सी छूट स्वयं ले ली थी। वे समर्थ थे। यह छूट लेने की धृष्टता मैं नहीं कर सकता था। सो, कुछ 'अनपेक्षित' भले ही आ गया हो, 'अमूल' अपने जाने नहीं कहा है। इसीलिए कदम-कदम पर उद्धरण देने पड़े हैं। उद्धरणों की बहुलता से प्रवाह में शायद बाधा पड़ी है। पर प्रमाण के लिए प्रवाह का त्याग क्षम्य होना चाहिए। कहते हैं वाल्टर बेन्यामिन एक पुस्तक सिर्फ उद्धरणों की ही लिखना चाहते थे। काश, मैं ऐसा कर पाया होता!

'अनपेक्षित' प्रसंग वे कहे जा सकते हैं जहाँ अन्य विद्वानों की आलोचना है। लेकिन उनके बिना द्विवेदीजी के वैचारिक संघर्ष का सन्दर्भ अस्पष्ट और अमूर्त रह जाता। इसलिए शिष्टता पर स्पष्टता को तरजीह क्षम्य होनी चाहिए। कहने की आवश्यकता नहीं कि पूर्वपक्ष के ऋषि कुछ कम पूज्य नहीं हैं--यह एहसास मुझमें है। जानता हूँ, पंडितजी ऐसी नाजुक स्थिति बड़ी खूबी से निबाह ले जाते थे। इस विषय में मेरे ही लिए नहीं, किसी के लिए भी वे अनुकरणीय हैं।

शायद यह स्पष्ट करना जरूरी हो कि यह प्रयास परम्परा की खोज का ही है, सम्प्रदाय-निर्माण का नहीं। पंडितजी स्वयं सम्प्रदाय-निर्माण के विरुद्ध थे। यदि "सम्प्रदाय का मूल अर्थ है गुरु-परम्परा से प्राप्त आचार-विचारों का संरक्षण," तो पंडितजी के विचारों के अविकृत संरक्षण के लिए मेरी क्या, किसी की भी आवश्यकता नहीं है। जो परम्परा पीढ़ियों से चलकर स्वयं पंडितजी तक आते-आते बदल चुकी थी और स्वयं पंडितजी के हाथों कट-छँटकर और बन गई वह स्वयं मेरे प्रयास में कट-छँटकर कुछ और न हो जाएगी इसका दावा कैसे किया जा सकता है? ज़ाहिर है कि यह सम्प्रदाय-निर्माण का ढंग नहीं है।

वे आकाशधर्मी गुरु थे, हर पौधे को बढ़ने के लिए उन्मुक्तता देने के विश्वासी। यह उन्मुक्तता ही उनकी परम्परा का मूल स्वर है। लेकिन यह उन्मुक्तता जितनी सहज दिखती है उसे समझ पाना उतना सहज नहीं है। अपनी ओर से इसे समझाने में उन्होंने कोई कसर न छोड़ी। पर 'समुझी नहिं तसि बालपन तब अति रहेउँ अचेत।' यह बात तब की है जब 1950 में वे शान्तिनिकेतन से काशी हिन्दू विश्वविद्यालय में हिन्दी के आचार्य होकर आए और एम.ए. अन्तिम वर्ष के छात्र के रूप में मुझे उनके चरणों में बैठकर कुछ सीखने का सौभाग्य प्राप्त हुआ। मेरा 'सूकरखेत' काशी ही था। अभिधा में भी। पूरी तरह सचेत होने का दावा तो अब भी नहीं है। पर खोज के दौरान ऐसे क्षण अक्सर आए जब जी में कचोट उठी कि क्यों नहीं पंडितजी से पहले ही पूछ लिया। याद आया, व्योमकेश शास्त्री के मन में भी 'बाणभट्ट की आत्मकथा' की दीदी से पूछ लेने की ऐसी ही कचोट उठी थी। पर "जीवन में जो भूल एक बार हो जाती है वह हो ही जाती है।" यहाँ भी वे अपना

रास्ता अपने आप खोजने के लिए उन्मुक्त छोड़ गए!

परम्परा के रूप में वे मिले तो अनायास ही, लेकिन लगा कि उन्हें पाने के लिए आयास जरूरी है। यह खोज तभी शुरू हुई थी। पूरी तो आज भी कहाँ हुई, फिर भी विद्वानों के सम्मुख आज उस खोज की अन्तरिम रिपोर्ट पेश करते हुए मन थोड़ा हलका लग रहा है। आशा है, यह पाठकों के लिए भार न होगा।

पढ़नेवाले देखेंगे कि पूर्वप्रकाशित लेख इस पुस्तक में सम्मिलित नहीं हैं, उनके कुछ विचार भले ही आ गए हों।

—नामवर सिंह

जवाहरलाल नेहरू विश्वविद्यालय,
नई दिल्ली, 19 जून, '82

अनुक्रम

दूसरी परम्परा की खोज

1930 की 7 नवम्बर को पंडितजी शान्तिनिकेतन पहुँचे और 8 नवम्बर से उन्होंने अध्यापन कार्य शुरू किया। इसे वे द्विजत्व-प्राप्ति का दिन कहते थे। वैसे, द्विज तो वे पहले से ही थे। उपनयन संस्कार हुआ ही होगा। लेकिन अपना दूसरा जन्म वे शान्तिनिकेतन पहुँचने के दिन को ही मानते थे। जन्मदिन मनाते तो उन्हें कभी देखा नहीं गया। लेकिन द्विजत्व-प्राप्ति का दिन वे बड़ी निष्ठा से मनाते थे। किस अर्थ में यह द्विजत्व-प्राप्ति थी, इसका कुछ अन्दाजा एक घटना से लग सकता है। शान्तिनिकेतन में एक विधवा अपनी कन्या का विवाह हिन्दू विधि से करना चाहती थी। किसी ने कह दिया कि नान्दी श्राद्ध विधवा नहीं कर सकती। गुरुदेव ने नए-नए आए काशी के ज्योतिषाचार्य पंडित हजारीप्रसाद द्विवेदी को बुलवा भेजा। पूछा, 'हिन्दुओं का हजारों वर्ष का इतिहास है, क्या उसमें पहली बार यह घटना हो रही है? पहले भी तो कभी ऐसी स्थिति आई होगी?' पंडितजी घर आए। स्मृति-ग्रन्थों की छानबीन की। देखा कि पूर्वपक्ष में ऐसे बहुत से वचन हैं

जो विधवा के इस अधिकार को स्वीकार करते हैं। लेकिन वचनों की संगति लगाते समय निष्कर्ष रूप में यही कहा गया है कि विधवा को ऐसा अधिकार नहीं है। जाकर गुरुदेव को बताया तो हँसकर बोले, 'क्या पूर्वपक्ष के वे ऋषि कुछ कम पूज्य हैं, जिनका खंडन उत्तरपक्ष में किया गया है?' इस प्रश्न ने पंडितजी को झकझोर दिया। परम्परा क्या उत्तरपक्ष ही है? पूर्वपक्ष नहीं? जिस परम्परा को अब तक वे अखंड समझते आ रहे थे, देखते-देखते शिवधनुष के समान खंड-खंड हो गई। लगा कि परम्परा और भी हो सकती है। एक तरह से यह इतिहास-बोध का उदय था।

इसके बाद तो शान्तिनिकेतन में रहते हुए अपनी परम्परा के बारे में धीरे-धीरे और भी बहुत-सी नई बातें मालूम हुईं। शान्तिनिकेतन न आते तो शायद रवीन्द्रनाथ के प्रसिद्ध निबन्ध 'भारतवर्ष में इतिहास की धारा' (1912) पर दृष्टि न पड़ती। उस निबन्ध में ऐसी अनेक स्थापनाएँ हैं जिनका पल्लवन द्विवेदीजी की कृतियों में मिलता है। एक स्थापना तो यही है : "किसी को यह नहीं समझना चाहिए कि अनार्यों ने हमें कुछ नहीं दिया। वास्तव में प्राचीन द्रविड़ लोग सभ्यता की दृष्टि से हीन नहीं थे। उनके सहयोग से हिन्दू सभ्यता को रूप-वैचित्र्य और रस-गाम्भीर्य मिला। द्रविड़ तत्त्वज्ञानी नहीं थे। पर उनके पास कल्पना-शक्ति थी, वे संगीत और वास्तुकला में कुशल थे। सभी कला-विधाओं में वे निपुण थे।" द्विवेदीजी ने इस रास्ते चलकर गन्धर्वों, यक्षों और नागों जैसी आर्येतर जातियों के कलात्मक अवदान की खोज की।

रवीन्द्रनाथ की ही यह धारणा थी कि "वैष्णव धर्म में एक ओर भगवद्गीता का विशुद्ध, उच्च धर्मतत्त्व है तो दूसरी ओर अनार्य ग्वालों में प्रचलित देव लीला की विचित्र कहानियाँ भी उसमें सम्मिलित हैं।...वैष्णव धर्म का आश्रय लेकर जो लोक-प्रचलित पौराणिक कथाएँ आर्य-समाज में प्रतिष्ठित हुईं उनमें प्रेम, सौन्दर्य और यौवन की लीला है; प्रलय-पिनाक के स्थान पर बाँसुरी के स्वर हैं, भूत-प्रेत के स्थान पर वहाँ गोपियों का विलास है; वहाँ वृन्दावन का चिर-वसन्त और स्वर्गलोक का चिर-ऐश्वर्य है।...आभीर सम्प्रदाय-प्रचलित कृष्णकथा वैष्णव धर्म में घुलमिल गई।" द्विवेदीजी की प्रथम कृति 'सूर-साहित्य' का एक प्रेरणा-स्रोत यह भी है। सम्भवतः यही दिशा-दृष्टि उन्हें आभीर-भाषा अपभ्रंश की ओर ले गई, जिस पर आगे

चलकर उन्होंने काफी काम किया।

इसी प्रकार कबीर की ओर ध्यान आकृष्ट करनेवाले भी रवीन्द्रनाथ ही हैं। उसी निबन्ध में रवीन्द्रनाथ ने यह कहा था, "कबीर की जीवनी और रचनाओं में यह स्पष्ट देखा जा सकता है कि उन्होंने भारत की समस्त बाह्य आवर्जना का अतिक्रमण करते हुए उसके अन्तःकरण की श्रेष्ठ सामग्री को ही सत्य साधना समझकर उपलब्ध किया था।...लोकाचार, शास्त्रविधि और अभ्यास के रुद्ध द्वार पर आघात करके उन्होंने भारत को जगाने का प्रयास किया।" द्विवेदीजी का 'कबीर' सिर्फ इतना ही नहीं है, किन्तु रवीन्द्रनाथ की यह प्रेरणा पूरे ग्रन्थ में अन्तर्ध्वनित है, इसे कहने की जरूरत नहीं है।

इसी प्रकार कालिदास के लालित्य में रुचि जाग्रत करने का श्रेय भी रवीन्द्रनाथ के लेखों को देना पड़ेगा।

इस प्रकार द्विवेदीजी को भारतीय संस्कृति और साहित्य की परम्परा रवीन्द्रनाथ के माध्यम से मिली। यह ऋण उन्होंने स्वयं ही बार-बार स्वीकार किया है। किन्तु ऐसा लगता है कि यह ऋण जितना है उससे अधिक मान लिया गया है। वैसे, इस शताब्दी का कौन उल्लेखनीय भारतीय लेखक है जो रवीन्द्रनाथ से कुछ-न-कुछ प्रेरित और प्रभावित नहीं है? किन्तु इसके साथ यह भी सच है कि इस प्रेरणा और प्रभाव के रूप एक-से नहीं हैं। द्विवेदीजी ने कम-से-कम हिन्दी को रवीन्द्रनाथ की प्रेरणा से वह दिया जो उनसे पहले किसी ने न दिया था। मिसाल के लिए कबीर का क्रान्तिकारी रूप। छायावादी कवियों को रवीन्द्रनाथ में रहस्यवाद अधिक आकर्षक लगा था। शायद इसीलिए एक अरसे तक हिन्दी में कबीर के रहस्यवाद की ही चर्चा होती रही। कबीर के माध्यम से जाति-धर्म-निरपेक्ष मानव की प्रतिष्ठा का श्रेय तो द्विवेदीजी को ही है। एक प्रकार से यह दूसरी परम्परा है।

शायद इसीलिए हिन्दी का एक अच्छा-ख़ासा हिस्सा बहुत दिनों तक द्विवेदीजी को परम्परा-बाह्य मानता रहा। सच कहें तो द्विवेदीजी उस तरह के हिन्दीवाले थे भी नहीं। शान्तिनिकेतन से उन्हें एक अखिल भारतीय व्यापक दृष्टि मिली थी–अखिल भारतीय भी और विश्व-व्यापक भी। इस व्यापकता का एक ठोस आधार था, भक्ति-काव्य। भक्ति आन्दोलन के अनुशीलन के दौरान उन्होंने अनुभव किया कि–"हमारी भाषा का पुराना साहित्य प्रान्तीय

सीमाओं में बँधा नहीं है। आपको यदि हिन्दी साहित्य का अध्ययन करना है तो उसके पड़ोसी साहित्यों–बँगला, उड़िया, मराठी, गुजराती, नेपाली आदि के पुराने साहित्य–लिखित और अलिखित–को जाने बिना आप घाटे में रहेंगे। यही बात बँगला, उड़िया, मराठी आदि के पुराने साहित्य के बारे में भी ठीक है। हमारे देश का सांस्कृतिक इतिहास इस मजबूती के साथ अदृश्य काल-विधाता के हाथों सी दिया गया है कि उसे प्रान्तीय सीमाओं में बाँधकर सोचा ही नहीं जा सकता। उसका एक टाँका काशी में मिल गया, तो दूसरा बंगाल में, तीसरा उड़ीसा में, और चौथा महाराष्ट्र में मिलेगा, और पाँचवाँ मालाबार या सीलोन में मिल जाए तो आश्चर्य करने की कोई बात नहीं है।'' (*कल्पलता,* पृ. 198)। इस प्रकार यह अखिल भारतीय दृष्टि अनुभव-लब्ध थी, हवाई कल्पना मात्र नहीं।

विश्व दृष्टि स्वयं शान्तिनिकेतन के वातावरण में थी। जहाँ सिलवाँ लेवी, विंटरनित्स जैसे यूरोपीय प्राच्यविद्याविद् और स्ट्रेला क्रैमरिश जैसी कलाविद् अध्यापन और शोध कर चुके हों, वह आश्रम यदि विश्व-एक-नीड़ की कल्पना जगाए तो कोई आश्चर्य नहीं। किन्तु जैसा कि 'रवीन्द्रनाथ' नामक ग्रन्थ के लेखक कृष्ण कृपालानी ने लिखा है, ''इस चित्र-विचित्र मधुचक्र में भनभनाहट अधिक थी या शहद, यह कहना कठिन है। वातावरण निस्सन्देह स्फूर्तिप्रद था।'' और महत्त्वपूर्ण वस्तु यह स्फूर्ति ही थी। संयोग से द्विवेदीजी के शान्तिनिकेतन पहुँचने के बाद अगले वर्ष ही 1931 में कवि सोवियत देश गए और वहाँ से लौटने पर 'रूस की चिट्ठी' नामक पुस्तक प्रकाशित करवाई। रवीन्द्रनाथ की इस पुस्तक ने लेखकों और बुद्धिजीवियों में समाजवाद की नई दुनिया के प्रति आकर्षण पैदा किया। द्विवेदीजी इससे अप्रभावित रह गए हों, यह असम्भव है। हिन्दी प्रदेश से दूर रहते हुए भी प्रगतिशील साहित्य आन्दोलन की ओर उनके आकृष्ट होने का एक बड़ा कारण यह भी है।

इसके अतिरिक्त एक आधुनिक वैज्ञानिक दृष्टि भी शान्तिनिकेतन की देन मानी जा सकती है। द्विवेदीजी हिन्दी के उन थोड़े से लेखकों में हैं, जिन्होंने बहुत पहले–इस सदी के चौथे दशक में ही भारत के लिए विज्ञान तथा वैज्ञानिक दृष्टि के महत्त्व को स्वीकार कर लिया था। निश्चय ही इस

विषय में रवीन्द्रनाथ की प्रेरणा सबसे महत्त्वपूर्ण है। गांधीजी के विपरीत रवीन्द्रनाथ उस समय जिस प्रकार विज्ञान की हिमायत कर रहे थे, द्विवेदीजी द्वारा कवि के पक्ष की स्वीकृति उल्लेखनीय घटना है। इसीलिए मानव की जय यात्रा की चर्चा में प्रकृति पर मानव की विजय का वर्णन करते हुए वे अक्सर अपने रक्त में अजीब झनझनाहट का अनुभव करते हैं और इस वर्णन में पुनरुक्ति से भी नहीं डरते। आधुनिक युग की वैज्ञानिक प्रगति द्विवेदीजी के लिए एक सूचनामात्र नहीं, बल्कि भावबोध को निर्मित करनेवाली सच्चाई है। इसीलिए आधुनिकता भी उनके लिए एक नया फ़ैशन नहीं बल्कि भावबोध के स्तर की वस्तु है। काशी के एक संस्कृत पंडित के लिए यह आधुनिकता बोध कितने गहरे अन्तःसंघर्ष की प्रक्रिया रही होगी, इसका सिर्फ अन्दाजा ही लगाया जा सकता है। 'वर्तमान के साथ अतीत की यह मुठभेड़' भारत के सन्दर्भ में और भी पेचीदा थी क्योंकि इसमें उपनिवेशवादी पश्चिम के साथ विजित पूर्व की मुठभेड़ भी शामिल थी। किन्तु यह देखकर प्रीतिकर आश्चर्य होता है कि द्विवेदीजी की दृष्टि एक क्षण के लिए भी इस अन्तःसंघर्ष में मोहासक्त नहीं हुई। वे स्पष्ट शब्दों में घोषणा करते हैं कि, "आधुनिक युग के मानवतावाद के साथ मध्ययुग के उस मानवतावाद को भुला नहीं देना चाहिए जिसमें किसी-न-किसी रूप में यह स्वीकार किया गया था कि मनुष्य जन्म दुर्लभ है और भगवान अपनी सर्वोत्तम लीलाओं का विस्तार नर रूप धारण करके ही करते हैं। नवीन मानवतावाद की सबसे बड़ी बात है, उसकी ऐहिक दृष्टि और मनुष्य के मूल्य और महत्त्व की मर्यादा का बोध।" (*विचार प्रवाह,* पृ. 188)। भक्ति-काव्य के एक प्रेमी और प्रशंसक से सामान्यतः ऐसी बात सुनने की आशा नहीं की जाती! पूर्व और पश्चिम की इस मुठभेड़ में जहाँ बहुतों की दृष्टि समूचे पश्चिम से मुड़कर पूर्वाभिमुख हो गई, द्विवेदीजी वैसे 'भारत-व्याकुल' नहीं हुए। इसी प्रकार अतीत और वर्तमान की मुठभेड़ में भी उन्होंने अतीत में किसी प्रकार की सुरक्षा नहीं खोजी। इतिहास उनके लिए एक शव था और इसमें तनिक भी सन्देह नहीं कि इस 'शव साधना' में उनकी दृष्टि के सम्मुख मनुष्य का भविष्य था। सम्भवतः इसका कारण है अपने लोकजीवन से उनका लगाव!

इस दृष्टि से द्विवेदीजी और निराला में अद्‌भुत समानता है। निराला

के बारे में जैसा कि कहा गया है, बंगाल के सांस्कृतिक जागरण से प्रेरणा लेते हुए भी निराला अपने जनपद के लोक-जीवन से बहुत गहराई तक सम्बद्ध थे और उनके जीवन और साहित्य के बहुत-से क्रान्तिकारी स्रोत इस लोक-जीवन से ही फूटे थे। इसी प्रकार द्विवेदीजी के जीवन और साहित्य का क्रान्तिकारी स्रोत स्वयं उनके अपने जनपद बलिया का लोक-जीवन है। असल पूँजी यही है, शान्तिनिकेतन ने उसे सिर्फ संस्कार दिया। 'विचार और वितर्क' के 'गतिशील चिन्तन', 'अशोक के फूल' के 'मेरी जन्मभूमि' तथा 'कल्पलता' के 'ठाकुरजी की बटोर' शीर्षक निबन्धों से द्विवेदीजी के अपने जनपदीय लगाव का कुछ अन्दाजा लगाया जा सकता है। किन्तु उनकी जनपदीय पूँजी का पूरा-पूरा अहसास तो उनके उपन्यासों से होता है। 'बाणभट्ट की आत्मकथा' का नायक भट्टिनी को स्थाणीश्वर से लेकर काशी जनपद से आगे पूर्व दिशा में जहाँ ले जाता है वह द्विवेदीजी की अपनी ही जन्मभूमि है। कहने की आवश्यकता नहीं कि राजधानी से निकलकर इस लोकभूमि में आते ही उपन्यास छोटे-छोटे जीवन्त चरित्रों से जगमगा उठता है और सौरभह्रद (सुरहा ताल) के वर्णन में लेखक की लेखनी सजीव हो जाती है। इसी प्रकार 'पुनर्नवा' की मूल कथाभूमि तो स्वयं द्विवेदीजी की अपनी स्वीकृति के अनुसार ही बलिया की है, जिसमें दुबहड़ द्वीपखंड के रूप में और हल्दी हलद्वीप के रूप में आए हैं। आखिर लोरिक-चन्दा की कथाभूमि और हो ही क्या सकती है? यदि इन दोनों उपन्यासों के जीवन्त चरित्रों पर दृष्टिपात करें तो भट्टिनी भले ही शान्तिनिकेतनी हों, निउनिया तो ठेठ बलिया के आसपास से आने का ही आभास देती है। इसी प्रकार 'पुनर्नवा' के सुमेर काका और चन्दा को भी पहचाना जा सकता है। कहने को तो यहाँ तक कहा जा सकता है कि द्विवेदीजी की कृतियों में जहाँ उच्छल भावुकता है उसे बंगाल की देन समझना चाहिए और जहाँ तेजस्विता है, वह उनके अपने जनपद की विभूति है।

इसी लोक-जीवन की भूमि से द्विवेदीजी को हिन्दी की अपनी जातीय परम्परा का भावबोध विरासत में मिला। इस भावबोध का बहुत दिलचस्प जिक्र 'विचार और वितर्क' (प्रथम संस्करण, 1945) में प्रकाशित 'प्रेमचन्द का महत्त्व' शीर्षक लेख में आया है। लिखा है : "मेरे एक विनोदी मित्र ने एक

दिन अचानक एक प्रश्न किया। कल्पना करो रवीन्द्रनाथ, शरत्चन्द्र और प्रेमचन्द तीनों ही परीक्षा हॉल में बैठे हैं। मैं प्रश्नकर्त्ता हूँ, तुम परीक्षक हो। तीनों को मैं एक-एक कहानी लिखने को देता हूँ। कहानी ऐसी हो जो रुला दे। पर परीक्षक को रोना हो या हँसना उसे बीस-बीस मिनट का समय दिया जाएगा। अब बताओ किसकी कहानी पढ़कर तुम कितनी देर रो सकते हो? मैं मानता हूँ कि सवाल बेढंगा था और किसी भी समझदार आदमी को इसका उत्तर देने में हिचकना चाहिए था। लेकिन मुझे तो निर्धारित समय के भीतर एक फैसला कर देना था। बोला : 'रवीन्द्रनाथ की कहानी पढ़कर पाँच मिनट रोऊँगा, पन्द्रह मिनट सोचूँगा; शरत्चन्द्र की कहानी पढ़कर सत्रह मिनट रोऊँगा, तीन मिनट सोचूँगा; और प्रेमचन्द की कहानी पढ़कर दस मिनट रोऊँगा, दस मिनट सोचूँगा।' यह जवाब भी सवाल के समान ही बेढंगा था। पर इस बात में मेरा अनुभव तो कुछ-कुछ था ही। मैं स्वीकार करता हूँ कि वह सत्य मेरा अपना होगा।'' (पृ. 54-55)

यह विनोदपूर्ण प्रसंग इसलिए उल्लेखनीय है कि प्रेमचन्द के माध्यम से द्विवेदीजी ने एक प्रकार से हिन्दी जाति के भावबोध की उस विशेषता की ओर संकेत किया है जिसका मुख्य गुण भाव और विचार के बीच सन्तुलन है। द्विवेदीजी की यह धारणा इतनी बद्धमूल मालूम होती है कि अपनी पहली कृति 'सूर साहित्य' में जयदेव, विद्यापति और चंडीदास की राधा के साथ सूरदास की राधा की तुलना करते हुए भी उन्होंने ऐसी ही स्थापना की है। जयदेव की राधा पूर्ण विलासवती प्रगल्भा हैं, विद्यापति की राधा ईशदुद्भिन्न-यौवना हैं, चंडीदास की राधा प्रेमोन्मादिनी हैं; किन्तु सूरदास की राधा पूर्ण नारी हैं—बाल-प्रेम की चंचल लीलाओं से लेकर वियोग की आँच में तपे हुए सान्द्र-गाढ़ प्रेमवाली। द्विवेदीजी के अनुसार अपनी पूर्णता में सूरदास की राधा समूचे वैष्णव काव्य में अद्वितीय हैं। भावबोध के इस सन्तुलन की परम्परा, प्रसंगवश, द्विवेदीजी ने कालिदास और कबीर तक जोड़कर दिखलाने की कोशिश की है।

जरूरी नहीं कि द्विवेदीजी की इस मान्यता से सबकी सहमति हो ही। प्रासंगिक इतना ही है कि द्विवेदीजी शान्तिनिकेतन में रहते हुए भी हिन्दी की अपनी जातीय विशेषता के बारे में अत्यन्त सजग थे और अखिल भारतीय

दृष्टि के बावजूद उस जातीय परम्परा का निरूपण ही उनका मुख्य लक्ष्य था।

प्रसंगवश इस भ्रम का निराकरण कर देना आवश्यक है कि द्विवेदीजी की विशेषता उनके संस्कृत-पांडित्य में थी। यह बात लगभग तुलसीदास जैसी है। तुलसीदास के समान ही द्विवेदीजी के संस्कृत-ज्ञान में भी पंडितों ने अनेक छिद्र दिखाए हैं। स्वयं संस्कृत के पंडितों के बारे में द्विवेदीजी की क्या धारणा थी, इसे 'चारु चन्द्रलेख' में धीर शर्मा के चरित्र में देखा जा सकता है, जो थे तो बड़े गम्भीर प्रकृति के विद्वान "परन्तु उनका बड़ा भारी दोष यह था कि हर बात के बाद एक श्लोक ठोंका करते थे और इन श्लोकों के जंगल में उनकी मूल बात प्रायः खो जाती थी।" इसलिए यह बात स्पष्ट रहनी चाहिए कि अपने कालिदास-प्रेम और बाणभट्ट-प्रेम के बावजूद द्विवेदीजी लेखक हिन्दी के ही हैं। वे संस्कृत पंडित नहीं, हिन्दी लेखक हैं।

फिर भी यह विचित्र विरोधाभास है कि हिन्दी आलोचना की तात्कालिक परम्परा से द्विवेदीजी का सीधा सम्बन्ध नहीं है। उनकी पहली पुस्तक 'सूर साहित्य' देखने से नहीं लगता कि इसका लेखक शुक्लजी की 'भ्रमरगीत सार' की भूमिका से परिचित है, जबकि वह पुस्तक 1924 में ही द्विवेदीजी के काशी रहते निकल चुकी थी। 'हिन्दी साहित्य की भूमिका' 'सूर साहित्य' की ही स्थापनाओं का व्यापक पटभूमि पर विकास है, जिसमें प्रसंगवश सूर और जायसी के विषय में शुक्लजी की मान्यताओं के सहमतिपरक उल्लेख और स्वयं आलोचक के रूप में शुक्लजी के महत्त्व की स्वीकृति के बावजूद उनकी भक्ति की उदय-सम्बन्धी धारणा के विपरीत अपनी मान्यता रखी गई है। इसी क्रम में 'कबीर' 'हिन्दी साहित्य की भूमिका' के ही एक अंग का विस्तृत विवेचन और विकास है जिसमें शुक्लजी से भिन्न मूल्यांकन प्रस्तुत किया गया है। निश्चय ही 'हिन्दी साहित्य का आदिकाल' 'भूमिका' के ही दूसरे अंग का विस्तार है पर इसमें शुक्लजी की वीरगाथा सम्बन्धी ऐतिहासिक मान्यता का स्पष्ट प्रत्याख्यान करते हुए कथानक-रूढ़ियों और काव्य-रूपों के क्षेत्र में सर्वथा नई बातें सामने रखी गई–हैं।

इस चिन्तन-क्रम में द्विवेदीजी जहाँ परम्परा से प्राप्त हिन्दी साहित्य के इतिहास के मानचित्र को बदलकर एक दूसरा मानचित्र प्रस्तुत करते हैं, वहीं

साहित्य-सम्बन्धी एक नई मान्यता भी सामने आती है। इस प्रकार एक नए इतिहास के साथ आलोचना का एक नया मान भी दृष्टिगोचर होता है। 'कबीर' के साथ इतिहास की एक भिन्न परम्परा ही नहीं आती, साहित्य को जाँचने-परखने का एक प्रतिमान भी प्रस्तुत होता है।

इस प्रसंग में उल्लेखनीय बात यह है कि अपने समकालीन अन्य शुक्लोत्तर आलोचकों की तरह द्विवेदीजी न तो कहीं शुक्लजी से आतंकित हैं, न ग्रस्त—मुख्यतः शान्तिनिकेतन काल की कृतियों में। इस मामले में वे कबीर के समान ही सौभाग्य से शास्त्र-वंचित थे। कबीर को हिन्दुओं का शास्त्र पढ़ने को नहीं मिला तो द्विवेदीजी को हिन्दी आलोचना का शास्त्र! एक बात और है जिसमें वे कबीर से ज्यादा भाग्यशाली थे। वे अपने निर्माण-काल में काशी से दूर रहे—शुक्लजी आदि की छाया से। इसलिए न उन्हें हिन्दी की यह महान परम्परा विरासत में मिली, न इस परम्परा से खामखाह उलझने की कड़वाहट ही महसूस हुई।

फिर भी किसी-किसी का कहना है कि द्विवेदीजी मूलतः शुक्लजी की परम्परा के आलोचक हैं लेकिन वे आलोचना में शुक्लजी की परम्परा को विकसित नहीं कर सके हैं। यदि द्विवेदीजी शुक्लजी की परम्परा के आलोचक हैं तो नन्ददुलारे वाजपेयी, विश्वनाथप्रसाद मिश्र आदि किस परम्परा के हैं जबकि वे स्वयं अपने आपको शुक्ल-पक्ष का ही मानते हैं। यदि ऐसा है तब तो यही कहना पड़ेगा कि शुक्लजी की कम-से-कम दो परम्पराएँ हैं, जिसका स्पष्ट अर्थ है कि शुक्लजी में गहरे अन्तर्विरोध हैं। ऐसी स्थिति में देखना होगा कि द्विवेदीजी शुक्लजी की किस परम्परा से सम्बद्ध हैं? तभी इस बात का भी निर्णय हो पाएगा कि द्विवेदीजी ने उसका विकास किया या नहीं।

पहले साहित्य का सामाजिक आदर्श। शुक्लजी के लोकधर्म के प्रतीक तुलसीदास हैं, द्विवेदीजी के कबीर। भक्ति के स्तर पर बहुत-कुछ समान, व्यवहार के स्तर पर एकदम विरुद्ध। यों स्वयं तुलसी कबीर का बिना नाम लिए स्पष्ट विरोध करते हैं और शुक्लजी की इसमें सहमति है। द्विवेदीजी इस बात में तुलसीदास से भी असहमत हैं और शुक्लजी से भी। क्या यह विरोध भी परम्परा में शामिल है? यदि हाँ तो फिर विकास है या ह्रास?

फिर भावबोध। शुक्लजी की दृष्टि में सूर की गोपियों का प्रेम

ऐकांतिक है, अथवा लोक-विरोधी। द्विवेदीजी की दृष्टि में सूर की गोपियों का प्रेम कुल-जाति की मर्यादा को तोड़ता है, इसलिए लोकवादी है। यदि यह विरोध भी परम्परा में ही शामिल है तो विकास है या ह्रास?

अन्त में भाषा और कला। शुक्लजी की दृष्टि में कबीर की वाणी असाहित्यिक और ऊटपटाँग है। द्विवेदीजी की दृष्टि में कबीर वाणी के डिक्टेटर हैं और व्यंग्य के बादशाह। काव्य को जाँचने का यह विरोधी मानदंड भी यदि परम्परा में ही शामिल है तो यहाँ विकास और ह्रास का निर्णय और भी कठिन है।

अब यदि अपनी प्रगतिशील परम्परा को मजबूत बनाने के लिए किसी तरह दोनों आलोचकों को एक ही परम्परा के अन्तर्गत रखने की विवशता हो ही, तो जरूरी नहीं कि एक की परम्परा में ही दूसरे को भी रखा जाए? क्या यह नहीं हो सकता कि दो लेखक भिन्न परम्पराओं से आकर प्रगतिशील परम्परा के विभिन्न अंगों को समृद्ध और विकसित करें?

किन्तु यहाँ एक कठिनाई आती है। जो लोग यह मानते हैं कि द्विवेदीजी शुक्लजी की परम्परा को विकसित नहीं कर सके, वे यह भी मानते हैं कि उनकी 'समन्वयवादी' प्रवृत्ति के कारण ऐसा न हो सका। विद्रोही कबीर का पक्षधर समन्वयवादी और समन्वय के आदर्श तुलसीदास के पक्षधर क्रान्तिकारी? क्या उलटबाँसी है! इस सन्दर्भ में द्विवेदीजी के 'समीक्षा में सन्तुलन का प्रश्न' शीर्षक लेख का यह अंश प्रासंगिक है : ''मेरा मत है कि सन्तुलित दृष्टि वह नहीं है जो अतिवादिताओं के बीच एक मध्यम मार्ग खोजती फिरती है, बल्कि वह है जो अतिवादियों की आवेग-तरल विचारधारा का शिकार नहीं हो जाती और किसी पक्ष के उस मूल सत्य को पकड़ सकती है जिस पर बहुत बल देने और अन्य पक्षों की उपेक्षा करने के कारण उक्त अतिवादी दृष्टि का प्रभाव बढ़ा है। सन्तुलित दृष्टि सत्यान्वेषी दृष्टि है। एक ओर जहाँ वह सत्य की समग्र मूर्ति को देखने का प्रयास करती है, वहीं दूसरी ओर वह सदा अपने को सुधारने और शुद्ध करने को प्रस्तुत रहती है। वही सभी प्रकार के दुराग्रह और पूर्वाग्रह से मुक्त रहने की और सब तरह के सही विचारों को ग्रहण करने की दृष्टि है।'' (*विचार और वितर्क*, तृतीयावृत्ति, 1969, पृ. 289-290)

इस सन्तुलित दृष्टि के बाद भी द्विवेदीजी को समन्वयवादी कहने का अर्थ होगा दुराग्रह या पूर्वाग्रह। सन्तुलन समन्वय नहीं है क्योंकि यह मध्यम मार्ग नहीं है। सन्तुलित होकर भी कोई पक्षधर हो सकता है, यह बात वही पक्षधर समझ सकता है, जिसमें आत्मविश्वास हो और सत्यनिष्ठा! जिस पक्षधरता में आत्मविश्वास की कमी होती है वही दूसरे पक्ष के प्रति असहिष्णु होता है और सहिष्णुता को सन्देह की दृष्टि से देखता है। उल्लेखनीय है कि द्विवेदीजी ने अपने क्रान्तिकारी कबीर की प्रशंसा भी उनके अद्भुत सन्तुलन (बैलेंस) के लिए की है। वैसे 'बैलेंस' के लिए कहीं उन्होंने 'एकसमता' शब्द का प्रयोग किया है और कहीं भारसाम्य! गरज कि सन्तुलन के बावजूद द्विवेदीजी का एक पक्ष है, उनमें सत्य की समग्र मूर्ति को देखने का प्रयास है और इस विषय में किसी प्रकार के समझौते की प्रवृत्ति नहीं है। अपनी इस सन्तुलित दृष्टि के द्वारा ही उन्होंने हिन्दी साहित्य की लोकोन्मुख प्रगतिशील परम्परा का विकास किया है।

'ब्राह्मण समाज में ज्यों अछूत'

हजारीप्रसाद द्विवेदी अपनी अन्तिम पुस्तक तुलसीदास पर लिखना चाहते थे। महाकवि का जीवन-संघर्ष उन्हें अपने ही जीवन-संघर्ष जैसा लगता था। 'तुलसीदास का स्मरण' शीर्षक निबन्ध में उन्होंने इसकी ओर संकेत करते हुए लिखा है : "मुझे तुलसीदास का स्मरण करने में विशेष आनन्द आता है। यह जो व्यक्ति आज हमारे लिए इतना पूज्य है, कोटि-कोटि भारतवासियों के हृदय और मस्तिष्क को बल दे रहा है, वह कोई राजा-महाराजा नहीं था, लक्ष्मी का लाड़ला सपूत नहीं था, शास्त्रार्थ सभा में पंडितों को पराजित करनेवाला कीर्ति-जिजीषु पंडित नहीं था—विद्यापीठों की कठोर रणभूमि के अदृश्य विकट संग्राम में विजयी महारथी नहीं था, बल्कि बहुत ही साधारण गृहस्थ परिवार में उत्पन्न हुआ था। औसत से कहीं नीचे उसकी आर्थिक स्थिति थी। अपनी दीनता बताने के आवेश में कभी-कभी इस महापुरुष ने ऐसी बातें कही हैं जो हृदय को गला देती हैं—हाय, हाय, कैसा भाग्यहीन रहा होगा वह बालक, जिसके माँ-बाप ने जनमते ही स्वर्ग का रास्ता लिया—

'माता-पिता जग जाय तज्यौ'—और फिर 'विधिहू न लिखी कछु भाल भलाई।' जीवनभर इस महान पुरुष को अपनी वह दारुण दुरवस्था नहीं भूली, 'बारे तें ललात बिललात द्वार-द्वार फिरौं, जानत हौं चारि फल चारि हो चणक को।' इतने बड़े पुरुष के भाग्य में क्या यही लिखा था कि 'माँगि के खैबो मसीति को सोइबो!' गरज, जनम के समय परिस्थितियाँ बड़ी विषम थीं।... परिस्थितियाँ बाल्यकाल में तुलसीदास के प्रतिकूल थीं—बहुत प्रतिकूल! और युवावस्था में?...युवावस्था भी बहुत सुख की नहीं थी।...काशी में पंडितों ने उन्हें बड़ा तंग किया था—गाली-गलौज, डाँट-फटकार। हमेशा से ही ऐसा होता आया है। बड़े तेज को बर्दाश्त नहीं कर सकने से लोग गाली-गलौज पर उतर आते हैं। कहना शुरू किया—यह जुलाहा है, यह अघोरपन्थी है, यह यह है, यह वह है। तुलसीदास हैरान! हे विधाता, लोग इतने दारुण क्यों हो जाते हैं! बोले, 'धूत कहौ, अवधूत कहौ, रजपूत कहौ, जुलहा कहौ कोऊ; काहू की बेटी सों बेटा न व्याहब'...इत्यादि। बड़ी मानसिक ग्लानि के समय तुलसीदास-जैसा महात्मा ऐसी बात कह सकता है। अपने प्रसिद्ध भजन 'कबहुँक हौं यहि रहनि रहौंगो' में उन्होंने कहा है कि कभी ऐसा होता कि मुझे सन्त-सुभाव मिल जाता और 'परुष वचन अति दुसह स्रवन सुनि तेहि पावक न दहौंगो।'—कितनी करुण प्रार्थना है! परुष वचनों का प्रहार उन पर हुआ था, चोट भी लगी थी, तिलमिलाकर रह गए थे। उत्तर तो वे क्या देते! इतनी मात्रा में जहर पीकर इतना अमृत देनेवाला आदमी चोट का जवाब चोट से कैसे दे सकता था? परन्तु जलन होती थी। वे अपने राम से यह प्रार्थना करते थे कि, 'नाथ, शक्ति दो कि इस आग में न जलूँ।'

"वृद्धावस्था में उनकी क्या अवस्था थी, कहना कठिन है। सम्मान थोड़ा मिलने लगा था। डॉ. माताप्रसादजी ने खोज निकाला है कि उन्हें महन्ती भी मिल गई थी कुछ दिनों के लिए—'तुलसी गुसाईं भयो भोंड़े दिन भूल गयो।' लेकिन निभी नहीं। निभ कैसे सकती है? जलते अंगारे को आँचल में कैसे बाँधा जा सकता है? महन्ती छूट गई। वृद्धावस्था में काशी में भयंकर महामारी हुई। तुलसीदास को भी बीमारी हुई—दारुण बीमारी। उन्होंने उसे भी सहा, परुष वचन की चोट को निर्घात सह जानेवाले महात्मा को यह बीमारी कहाँ तक विचलित करती? बोले, राम नाम को जो मैं भूल गया उसी का

यह फल है–'ताते तनु पेखियत घोर बरतोर मिस फूटि-फूटि निकसत लोन राम नाम को।' सो अन्तिम अवस्था भी बहुत सुख की नहीं मालूम पड़ती–औसत आदमी से कुछ खराब ही कही जा सकती है।" *(ग्रन्थावली, 11/494-95)*।

जो द्विवेदीजी को निकट से जानता है वही जानता है कि तुलसीदास की यह दुखद जीवन-कथा बहुत-कुछ हजारीप्रसाद द्विवेदी की ही आत्मकथा है। बचपन की वही दरिद्रता, जवानी में काशी के पंडितों का वही घृणित विरोध और अन्त में थोड़े दिनों की महन्ती भी वैसी ही।

एक बार 'आत्मपरिचय' माँगे जाने पर द्विवेदीजी को फिर तुलसीदास याद आए। बात 1940 की है। तब वे शान्तिनिकेतन में ही थे। वह 'आत्म-परिचय' कहीं छपा है या नहीं, नहीं मालूम। पंडितजी के शान्तिनिकेतनकालीन साथी पंडित मोहनलाल वाजपेयी के सौजन्य से उसकी जो प्रतिलिपि मुझे प्राप्त हुई है वह इस प्रकार है :

> "विक्रम की बीसवीं शताब्दी की दूसरी तिहाई खत्म भी नहीं होने पाई थी कि धराधाम में अवतीर्ण हो गया। जन्म उसी अभुक्त-मूल नक्षत्र में हुआ था, जिसमें पैदा होने की सजा के रूप में, कहते हैं, बाबा तुलसीदास के माता-पिता ने जनमते ही उन्हें कहीं फेंक दिया था। हजारीप्रसाद तुलसीदास से अधिक भाग्यशाली है। पहले जन्म के बाद माँ-बाप ने शान्ति स्वस्त्ययन के बाद उसे स्वीकार कर लिया; पर द्विजत्व की प्राप्ति के बाद अर्थात् विश्वविद्यालय के समावर्तन के पश्चात् मातृभूमिवाले प्रान्त ने जो उठाकर बाहर फेंका सो अभी बंगाल में ही पड़ा है। अभी भी जीता चल रहा है और आदमी सब मिलाकर बुरा नहीं है। भाग्य का साँढ़ जन्म से ही है। क्योंकि बूढ़ों ने उसे जो नाम शुरू में दिया था, वह एक जबरदस्त घटना के कारण हमेशा के लिए विस्मृति के अपार सागर में डूब गया। कहीं से घरवालों को हजार रुपए की आमदनी हो गई और जनसाधारण ने इस अपरम्पार धनराशि के ऐतिहासिक महत्त्व को स्थायी बना रखने के लिए 'हज़ारी' नाम दे दिया। आदमी, जैसा कि शुरू में ही कहा गया

है, बुरा नहीं है; थोड़ा कृतज्ञ भी है। इस डेमोक्रेसी के खतरे के युग में भी जनसाधारण के दिए हुए नाम को 'प्रसाद' के रूप में वह अब भी ढोए जा रहा है, यद्यपि जन्म के बाद अब तक उसका यह नाम contradiction in terms ही रहा है। इस युग में यह कम कृतज्ञता की बात नहीं कही जाएगी। सो ऐसा है यह हजारीप्रसाद।"

स्पष्ट ही इस आत्मपरिचय में आत्मोपहास का जो फक्कड़ाना अन्दाज है, वह तुलसीदासवाली आत्मकथा की मर्मवेदना से एकदम भिन्न है। किन्तु एक हल्की-सी कसक यहाँ भी टीस रही है : "मातृभूमिवाले प्रान्त ने जो उठाकर फेंका...।" शान्तिनिकेतन में निस्सन्देह सुख था, लेकिन काशी से फेंके जाने का दुख कहीं अधिक था। वैसे काशी में दुख कम न था। काशी में पढ़ते समय कितने आर्थिक कष्ट का अनुभव हुआ था, इसका कुछ अन्दाजा पंडित बनारसीदास चतुर्वेदी को 19.9.45 को लिखे पत्र के इस अंश से लगाया जा सकता है :

"हिन्दू विश्वविद्यालय का संस्कृत कॉलेज न होता तो मैं शायद कुछ भी न पढ़ सकता था। मैंने इधर-उधर से सीखकर थोड़ी अंग्रेजी पढ़ी और एडमिशन की परीक्षा में बैठा। प्रथम श्रेणी में पास हो गया। हिन्दू विश्वविद्यालय के सेंट्रल हिन्दू कॉलेज में मैं बड़े उत्साह से इंटरमीडिएट में पढ़ने गया। मेरे घर की आर्थिक अवस्था की बात न कहना ही ठीक है। मुझे याद आता है कि पिताजी ने बड़ी कठिनाई के बाद गाँव के एक व्यक्ति से 40 रुपए उधार लिए थे। यह मेरी इंटरमीडिएट की भर्ती कराई की प्रथम बलि थी। मैं इसके बाद केवल क्लास में बैठता और फीस नहीं देता। हिन्दू विश्वविद्यालय में उन दिनों बहुत-से गरीब विद्यार्थी थे जो जबरदस्ती क्लास में बैठा करते थे। साल के अन्त में ध्रुवजी और मालवीयजी की कृपा से उनका उद्धार हो जाता था। मैं भी उसी श्रेणी में था। कई बार चेतावनी मिली, पर मेरे पास एक कौड़ी भी न थी। संस्कृत कॉलेज में 15 रुपए वृत्ति मिलती थी और 5 रुपए का एक ट्यूशन करता था। कुछ खाता था, कुछ

बचाकर घर भेज देता था। घर की अवस्था बड़ी दयनीय थी। आज भी याद करता हूँ तो रोएँ खड़े हो जाते हैं। साल के अन्त में मेरा नाम कट गया। मैंने सुना था कि ध्रुवजी के पास जाने से सब ठीक हो जाता है। मैं डरते-डरते प्रिंसिपल ध्रुव के कमरे में गया। वे कुछ झल्लाए हुए बैठे थे, शायद मेरे जैसे और भी लक्ष्मी के त्यक्त पुत्र उनकी सेवा में हाजिर हो चुके थे। मैंने अपनी कहानी सुनाई। बीच ही में झल्लाकर बोल उठे–'जाओ, मैं नहीं सुनना चाहता। यूनिवर्सिटी गरीबों के लिए नहीं है। जाओ, ईंटा ढोओ।' मेरा अनुमान है कि वे किसी कारण गुस्से में थे। नहीं तो उनका स्वभाव दयालु था। परन्तु मुझे तो जैसे बाण लग गया। मैंने आधी बात जहाँ की तहाँ छोड़ दी और उठकर प्रणाम करके तुरन्त लौट आया। वे दरवाजे तक मुझे जाते देखते रहे। सम्भवतः मुझे पागल समझा। मैं अपने संस्कृत कॉलेज के हॉस्टल में–जिसे विश्वविद्यालय के धनी-मानी विद्यार्थी 'अस्तबल' कहा करते थे–लौट आया और खूब रोया। मेरी पढ़ाई वहीं रुक गई। मेरे एक अध्यापक ने कहा कि चलो मैं तुम्हें ध्रुवजी के पास ले जाता हूँ। गरज पड़ती है तो सौ बार जाना होता है। पर मेरी रीढ़ टूट चुकी थी। मैं नहीं गया। मालवीयजी के पास जाने की भी हिम्मत नहीं हुई। बाद में केवल अंग्रेजी लेकर परीक्षा दी। वह भी एक मजेदार कहानी है। परीक्षा में फीस बहुत कम लगती थी पर उतना दे सकने लायक भी पैसा मेरे पास न था। मेरे पास ओढ़ने के लिए कपड़े भी न थे। मुझे किसी से माँगने की कला भी नहीं आती थी। सो मैंने बगल में पोथी दबाई और कथा बाँचने चला गया। मेरे एक मित्र थे। उन्होंने कोआथ (आरा) में मेरी कथा बैठा दी। वे खुद आर्यसमाजी थे, पर मेरी सहायता के लिए उन्होंने इस बात की परवाह नहीं की। कथा सात दिन तक हुई। और आठवें दिन चढ़ावा चढ़ा। 35 रुपए की एक रजाई, कुछ साड़ियाँ, कुछ कपड़े, कुछ धोतियाँ और प्रचुर अन्न मुझे मिला। रजाई कोआथ के हकीम बन्धुओं ने दी थी।

मेरे जीवन में इससे बड़ी सहायता न कभी मिली और न मिलेगी। सो मैं इंटरमीडिएट की नदी पार कर गया। आचार्य पास करने के बाद मैंने एक बार और कथा बाँची थी।''

शौकिया नहीं, आजीविका के लिए; क्योंकि पढ़ाई खत्म हो चुकी थी और काशी में कोई नौकरी सुलभ नहीं थी। कथा न बाँचते तो क्या करते? प्रसंगवश, पंडित व्योमकेश शास्त्री को जो 'आत्मकथा' मिली थी उसमें बाणभट्ट भी अपनी जवानी के आरम्भिक बेकारी के दिनों में कथा बाँचता है और उसका भी क्षेत्र वही—काशी का पार्श्ववर्ती जनपद। आखिर नौकरी मिली शान्तिनिकेतन में। था तो परदेस लेकिन डूबते के लिए तिनके का भी सहारा काफी होता है। काशी से शान्तिनिकेतन के लिए प्रस्थान शौक नहीं, लाचारी थी। यह दूसरी बात है कि वह लाचारी ही वरदान बन गई। शान्तिनिकेतन में पैसे कम थे, लेकिन और बहुत कुछ था। स्वयं रवीन्द्रनाथ थे। और क्षितिमोहन सेन भी। इसके अलावा समूचे आश्रम का सांस्कृतिक वातावरण। विश्वभारती उस समय अपने उत्कर्ष के शिखर पर था। अतिरिक्त प्रलोभन यह कि पास ही कलकत्ते से पंडित बनारसीदास चतुर्वेदी 'विशाल भारत' जैसी प्रभावशाली पत्रिका भी निकाल रहे थे। यह सब था फिर भी काशी के लिए मन में एक 'हुड़क' थी। क्या विडम्बना है? जिस काशी ने अपनी गोद से उतार दिया, उसी के लिए 'हुड़क'!

काशी के प्रति आकर्षण-विकर्षण के इस द्वन्द्व का चरम रूप प्रकट हुआ अठारह साल बाद जब काशी हिन्दू विश्वविद्यालय के तत्कालीन कुलपति पंडित अमरनाथ झा ने हिन्दी विभाग के आचार्य पीठ के लिए आमन्त्रित किया। इस संक्रमण की अन्तर्कथा सिर्फ एक जगह अंकित है : डॉ. शिवमंगलसिंह 'सुमन' को लिखे पत्रों में, क्योंकि 'सुमन' जी ही उस आमन्त्रण के सक्रिय माध्यम थे। भाग्य की विडम्बना यह कि कुलपति के आमन्त्रण के साथ, विभाग के कुछ अध्यापकों के धमकी भरे पत्र भी आ रहे थे। मन में द्वन्द्व उठा। द्वन्द्व से ज्यादा पीड़ा। इस मानसिक स्थिति की पहली अभिव्यक्ति सुमनजी को लिखे 18.8.48 के पत्र में इस प्रकार हुई :

''काशी से कुछ ऐसे पत्र आए हैं और अब भी आ रहे हैं जो बहुत घृणास्पद हैं। 'घृणास्पद' शब्द मैं बड़ी व्यथा के कारण व्यवहार

कर रहा हूँ। इनके लिखनेवालों में कहीं कोई मनुष्योचित भाव है ही नहीं। केवल निरुत्साहित करना, धमकी देना, अखबारी कतरनें भेजना, गाली-गलौज करना यही क्या साहित्यिकता है? आपको आश्चर्य होगा कि इनमें एक सज्जन ऐसे हैं जो वृद्धावस्था में प्रपंच छोड़ने के उद्देश्य से काशीवास कर रहे हैं। केवल इन पत्रों के कारण मन में आता था कि एक बार स्वीकार कर लूँ। मगर फिर सोचा कि यह भी अमर्ष और क्रोध का निर्णय होगा। 'मनुष्य' बनना ही मनुष्य का कर्तव्य है। जो लोग बेमतलब दाहिने बाएँ—'जे बिनु काज दाहिने बाएँ' होते रहते हैं वे भी कोई-न-कोई शुभ बुद्धि लेकर ही कर रहे होंगे। अन्त में आपने जो मन्त्र सिखाया था उसी को पढ़कर शान्त हो गया—

हम विषपायी जनम के, सहे अबोल कुबोल।
मानत नेकु न अनख हम, जानत अपुनो मोल!

चित्त अब शान्त हो गया है, यद्यपि हित-चिन्तकों के ढेले अब भी मानस को क्षणभर के लिए विक्षोभ की तरंगों से अवश्य तरंगित कर जाते हैं। आपका पत्र तो नहीं आया, मैंने निर्णय कर लिया। अब मुझे बिलकुल चिन्ता नहीं है। घरवाले तो बहुत अप्रसन्न होंगे कि हाथ आई लक्ष्मी को मैंने पैर से ठेल दिया है। पर भाग्य में जितना होता है उतना ही मंगलजनक होता है। ऐसा जान पड़ता है कि अभी विश्वनाथजी बुलाना नहीं चाहते। जिस दिन वे चाहेंगे उस दिन अन्य किसी को इतना क्षोभ नहीं होगा। मैं हृदय से भगवान से प्रार्थना करता हूँ कि उन लोगों का क्षोभ दूर हो, वे अपने योग्य आसन पर प्रतिष्ठित हों और संसार के सभी प्राणियों से—इस अकिंचन से भी—प्रेम करें। मेरा उनसे क्या झगड़ा हो सकता है भला! काश, वे लोग जानते कि मैं शान्तिनिकेतन में कितना सुखी हूँ। उनके स्वर्ग राज्य का मुझे कोई लोभ नहीं। जिस नाटक का आरम्भ ही इतना कटु है वह अन्त तक सुखान्त नहीं हो सकता। भगवान उन्हें प्रसन्न रखें। मैं तो कहता हूँ—'तवैव वाहास्तव नृत्यगीते।' भला जिस जगह को पाकर आदमी

मनुष्यता के स्तर पर ही न रह सके वह लेकर मैं क्या करूँगा–
'येनाहं नामृता स्यां किमहं तेन कुर्याम्।'

आपने ऐसा कोई नाटक देखा है जिसमें नायक रंगमंच पर आता ही न हो? केवल प्रतिनायकों के गर्जन-तर्जन और राहगीरों की बातचीत तथा आकाशभाषितों के द्वारा ही नायक का अस्पष्ट आभास पाया जाता हो?

—काशी वाला यह नाटक ऐसा ही था।''

इधर घर के लोग बराबर काशी जाने को कह रहे थे; आसपास के अन्य मित्र भी कहते थे कि काशी जाना अच्छा है। ''काशी से आए हुए घृणास्पद चिथड़े भी कभी-कभी वहाँ जाने के लिए उत्तेजित कर देते थे।'' उधर रथी बाबू का लिहाज। अन्त में निर्णय छोड़ा अपने अन्तर्यामी पर। ''अन्तर्यामी चुप! न राम, न गंगा। मैंने बहुत विनय की कि बाबा कुछ तो बताओ। काशी जाना है। काशी जो मेरा स्वप्न है, जिसके एक-एक कण में आकर्षण है, एक-एक दर्शन में उन्माद है। गंगा की मनोहर ऊर्मियों से धौत वायु है, विश्वनाथ और अन्नपूर्णा की अहैतुक कृपा का प्रसाद है उस काशी में जाना है। अन्तर्यामी चुप! भला आदमी जो सोया सो करवट तक नहीं बदली!

फिर गुरुदेव।

लोकेर कथा दिस ने काने
फिरिस ने आर हाजार टाने
येन रे तोर हृदय जाने हृदये तोर आछेन राजा!

अब अन्तर्यामी भी जागे। बोले—मत जाओ। सब तै हो गया।

''जो बात स्वार्थ की दृष्टि से देखने से इतनी उलझी हुई लग रही थी वही कर्तव्य की दृष्टि से देखने से एकदम साफ हो गई। इसमें क्या सोचना है भला। मेरे लिए दोनों ही संस्थाएँ आराध्य हैं। दोनों का लक्ष्य एक है, मेरे भीतर कर्तव्य का द्वन्द्व क्यों उपस्थित हो।...काशी विश्वविद्यालय की सेवा तो मैं करूँगा ही। चाहे जैसे हो। पर शान्तिनिकेतन छोड़ूँगा नहीं। वह भी गुरुभूमि है, यह भी गुरुभूमि है। *दरिद्रता का अभिशाप यह है कि पैसे की चिन्ता करनी पड़ती है पर दरिद्रता का एक वरदान भी है, पैसा हमें ज्यादा प्रलुब्ध नहीं कर सकता।''*

और अन्ततः पैसा द्विवेदीजी को प्रलुब्ध न कर सका, अर्थाभाव के बावजूद। स्पष्ट है कि काशी के आकर्षण में पैसे के प्रलोभन की भी मिलावट थी। इसके अलावा शान्तिनिकेतन न छोड़ने के पीछे मन में कहीं यह विचार भी था कि "इस समय जब तक विश्वभारती का नवीन विश्वविद्यालय रूप सुप्रतिष्ठित नहीं हो जाता, जिसकी चर्चा चल रही थी, उसे छोड़ना कृतघ्नता होगी।" इस तरह बात टल गई। मन का बोझ उतर गया। कम-से-कम उस समय ऐसा ही लगा।

लेकिन दो वर्ष बाद काशी हिन्दू विश्वविद्यालय ने अपना निमन्त्रण फिर दुहराया। इस बार अतिरिक्त आग्रह के साथ। वैसे, इस बीच बाहर से कुछ और भी आकर्षक निमन्त्रण आए, जिनमें से एक बिहार सरकार का था। इधर विश्वभारती के अधिकारियों का आग्रह भी रोक रखने के पक्ष में बढ़ने लगा। वेतन बढ़ाकर इतना कर दिया गया जितना उस समय विश्वभारती में किसी को नहीं मिलता था—यहाँ तक कि आचार्य क्षितिमोहन सेन और नन्दलाल बोस को भी नहीं। मकान भी बढ़ाकर और बड़ा कर दिया गया। मगर काशी का आकर्षण और ही था। मन में फिर द्वन्द्व शुरू हुआ। सुमनजी को 30.5.50 को लिखे पत्र में अपने मन का संकल्प-विकल्प इन शब्दों में व्यक्त किया :

"काशी का वह विश्वविद्यालय मेरी माता के समान है, विश्वभारती भी। दोनों ने मुझे ज्ञान दिए हैं। मेरे दो महान गुरुओं में एक वहाँ के प्रतिष्ठाता हैं, एक यहाँ के। फिर भी मैं कुछ दिनों से यह अनुभव करता हूँ कि हिन्दीभाषी क्षेत्र में रहूँ तो शायद काम करने का अधिक व्यापक क्षेत्र मिले। यह मैं अनुभव करने लगा हूँ। हो सकता है कि यह ठीक न हो।

"और काशी से बढ़कर और कौन स्थान हो सकता है? वहाँ विरोध है। पर मैं जानता हूँ कि वह देर तक न टिकेगा। पर कहीं कोई ऐसी बात है जो मुझे काशी की ओर जाने को उत्साहित नहीं कर रही है। कभी-कभी सोचता हूँ कि क्या ऐसी कोई व्यवस्था सम्भव नहीं हो सकती कि जो लोग अध्यक्ष पद चाहते हैं वे अध्यक्ष हो जाएँ और मुझे चुपचाप पढ़ाने-लिखाने का ही काम दिया जाए। मैं चाहता हूँ कि मेरा सम्बन्ध केवल विद्या, विद्वानों और विद्यार्थियों से मित्रता का ही सम्बन्ध रहे, प्रतिद्वन्द्विता का नहीं।" और अन्त में—

"रुपया तो मुझे चाहिए ही। आपको इस विषय में क्या बताऊँ। शायद आपको यह बताने की जरूरत नहीं कि यदि बिना रुपए के काम चल जाता तो मैं रुपए-पैसे के लेन-देन के चक्कर में कभी नहीं पड़ता। *पर गरीब का सबसे भयंकर शत्रु उसका पेट होता है। गरीब का दूसरा दुश्मन उसका सिर है जो झुकना नहीं चाहता। जो झुकना चाहता है वह भी शत्रु ही है।"*

स्पष्टतः संकल्प-विकल्प के मुद्दे वही थे जो दो साल पहले थे। लेकिन इस बार जाने कैसे मन को यह समझा लिया कि विरोध ज्यादा दिन नहीं टिकेगा। कहीं कोई ऐसी बात थी जो काशी जाने को उत्साहित नहीं कर रही थी, फिर भी यह आशा थी कि काशी आने पर "काम करने के लिए अधिक व्यापक क्षेत्र" मिलेगा। और अन्ततः अन्दर के अतर्क्य प्रतिरोध को अनसुना करके काशी आने का निर्णय कर लिया। सुमनजी को लगभग एक महीना बाद 26.6.50 को लिखा : "मैंने तो बनारस आने का निश्चय कर लिया है। जो होना होगा सो होगा।" फिर शान्तिनिकेतन छोड़ने की पीड़ा पर इतना और कहा, "बीस वर्षों के दुःख-सुख का सम्बन्ध है। टूटते-टूटते भी बाँध रहा है। मेरी मानसिक स्थिति की आप कल्पना कर सकते हैं।"

इसी मनःस्थिति में काशी आए। हुआ वही जो होना था। प्रतिद्वन्द्वियों ने असहयोग का ऐलान कर दिया। सबकुछ प्रत्याशित ही था। साहस के साथ सामना करते रहे। डेढ़ महीने बाद 31.08.50 को सुमनजी को यह खबर दी :

"अब भी मैं पूर्ण 'स्वस्थ' (मानसिक रूप में) नहीं हो पाया हूँ। पर अब पहले से अधिक स्थिरता अनुभव करने लगा हूँ। प्याले में तो रोज ही तूफान आ जाया करते हैं, पर अब अभ्यास हो गया है। एक बात सुनकर आपको प्रसन्नता होगी कि व्यक्तिगत रूप से मेरे प्रति सबका व्यवहार बहुत शील और सौजन्य का है। कभी-कभी कोई उलटी-सीधी बात होती भी है तो सीधे मुझे लक्ष्य करके नहीं। ऐसा लगता है कि कुछ दिनों में सबकुछ ठीक हो जाएगा।"

यह तो हुई ऊपरी सतह की बात। गहराई में कुछ और है :

"परन्तु मैं भीतर की मार बर्दाश्त नहीं कर पा रहा हूँ। मुझे ऐसा लगता है कि मेरा पतन हो गया है। यह बात किसी तरह मन से निकल नहीं रही है। जो मनुष्य अपनी ही आँखों में गिर जाए उससे बढ़कर दयनीय कौन हो

सकता है? मैं ठीक नहीं जानता—या शायद जानबूझकर नहीं जानना चाहता—कि इस प्रकार सोचने का कारण क्या है। पर मन छोटा हो गया है। मैंने यह पत्र आपको इस आशय से लिखना शुरू किया है कि अपने मन में संचित इस व्यथा को आप ही को सुनाकर जी हलका कर सकता हूँ। शान्तिनिकेतन के अपने मित्रों को यह बात लिखने में संकोच होता है। मगर मैं मन-ही-मन नित्य यह व्यथा अनुभव करता हूँ। मेरी हँसी तो लोप हो ही गई है, लिखने की उमंग भी जाती रही है। आया तब से कुछ भी नहीं लिख सका हूँ—कुछ भी नहीं।''

विरोधियों को क्या पता कि जो कष्ट वे दे रहे हैं वह उस पीड़ा के सामने एकदम तुच्छ है जिससे उनका शिकार स्वयं विद्ध है। छोटे लोग उस आत्मग्लानि को समझ ही नहीं सकते जिसमें एक महान आत्मा अपनी ही नजर में गिर जाता है या गिर जाने का अहसास करने लगता है। अब इसे परिवेश के कुछ अनुकूल पक्ष का प्रभाव कहिए या संकल्प शक्ति की अन्ततः विजय—धीरे-धीरे ''यह स्थिर कर लिया कि यहीं रहना है।'' पर सब समय मन स्थिर भाव से जम नहीं पाता। लगभग छह महीने बीतने पर 7 मार्च, '51 को सुमनजी को फिर लिखा : ''यह बात मेरे मन में बद्धमूल हो गई है कि मैंने गलती की है।''

सुमनजी ने सपना देखा कि पंडितजी शान्तिनिकेतन जाने की तैयारी कर रहे हैं। इस पर द्विवेदीजी लिखते हैं : ''यदि आपका सपना सच हो सकता! मैंने एक दिन भी शान्तिनिकेतन का सपना नहीं देखा! यह मेरे मन के किस भाव का सबूत है यह तो कोई मनोविज्ञान का पंडित ही बता सकता है, पर एक बात आपको बता दूँ कि अब मैं विश्वविद्यालय को फिर प्यार करने लगा हूँ। बीस वर्षों का छिन्न सूत्र फिर नवीन हो उठा है। लेकिन मेरे मन का सबसे बड़ा द्वन्द्व यह है कि मैं नौकरी करके इस संस्था की 'सेवा' कर सकता हूँ या नहीं। यह बड़ा कठोर द्वन्द्व है। मैं अगर साहसी होता तो द्वन्द्व कब का मिट गया होता। किन्तु अभी तो नहीं मिट रहा है। अपने चरित्र की सबसे बड़ी कमजोरी का सन्धान पाकर मैं दुखी भी हूँ और सुखी भी।'' फिर, जैसे अपनी सारी व्यथा को किसी विशाल परोक्ष सत्ता को समर्पित करते हुए अन्त में कहते हैं : ''मैंने कुछ भी सोचना (इस सम्बन्ध में) छोड़ दिया

है। मेरा सोचा कुछ होता नहीं। मेरा वश होता तो मैं शान्तिनिकेतन से यहाँ आता ही नहीं। पर बहुत सी बातें। यह गलत बात है कि मैं जो कुछ करता हूँ उसकी पूरी जिम्मेदारी मेरी ही है :

तत्रैवं सति कर्तारमात्मनं मन्यते तु यः।
पश्यत्यकृतबुद्धित्वान्न स पश्यति दुर्मतिः॥

अपने को जिम्मेवार माननेवालों पर श्रीकृष्ण भगवान का बहुत ज्यादा गुस्सा न होता तो 'दुर्मतिः' कहकर डाँट नहीं बताते। सो दुर्मति मैं नहीं हूँ।"

कहने की आवश्यकता नहीं कि अपने-आपको समझाने के लिए यह एक प्रकार की युक्ति है—हेतुवाद मात्र। किन्तु मन को इस तरह समझाते रहने के बावजूद उद्विग्नता से पूर्णतः मुक्त न हो सके। 1955 में अपनी पहली कृति 'सूर साहित्य' के पुनर्मुद्रण के अवसर पर 'निवेदन' करते हुए लिखा : "पुरानी बातों को पढ़ता हूँ तो हृदय में एक प्रकार की पीड़ा का अनुभव करता हूँ। कहाँ से शुरू किया और कहाँ आ गिरा हूँ। जो होना चाहा था वह नहीं हो सका; जो सोचा भी नहीं था, उसके चक्कर में फँस गया हूँ।"

प्रसाद के चाणक्य ने भी तो कभी कुछ ऐसा ही कहा था : "आनन्द समुद्र में शान्ति द्वीप का अधिवासी ब्राह्मण मैं, चन्द्र, सूर्य, नक्षत्र मेरे दीप थे; अनन्त आकाश वितान था, शस्य श्यामला कोमला विश्वम्भरा मेरी शय्या थी। बौद्धिक विनोद कर्म था, सन्तोष धन था। उस अपनी, ब्राह्मण की जन्मभूमि को छोड़कर कहाँ आ गया! सौहार्द के स्थान पर कुचक्र, फूलों के प्रतिनिधि काँटे; प्रेम के स्थान में भय। ज्ञानामृत के परिवर्तन में कुमन्त्रणा!"

उन्हीं दिनों 'चारु चन्द्रलेख' लिखा जा रहा था। इन अकारण शत्रुओं से चित्त इतना संत्रस्त था कि अनैतिहासिकता का खतरा उठाकर भी उनका जिक्र लाना पड़ा। दसवें परिच्छेद में सहसा स्वामी नेहनानानन्द प्रकट होते हैं जिन्हें प्रजा संक्षेप में नाना गोसाईं कहती है। ये नाना गोसाईं स्वयं द्विवेदीजी हैं। नाना इसलिए कि अपने भाषणों में 'नाना' शब्द का प्रयोग प्रचुर मात्रा में करते हैं; जैसे "नाना देशों से नाना जातियाँ आईं जिन्होंने नाना समय पर नाना आचार पद्धतियों के द्वारा नाना प्रकार से आर्य संस्कृति को समृद्ध किया।" एकाधिक बार उनके निकट के लोगों ने इस नानाबहुलता की ओर डरते-डरते संकेत भी किया था। पंडितजी ने अपने विनोदप्रिय स्वभाव के

अनुसार इसे चुपचाप ग्रहण करके नाना गोसाईं के रूप में अमर कर दिया। नेहनानानन्द का नानात्व इस बात में भी है कि उनके मठ में कई सम्प्रदाय के साधु रहते हैं। मठ में वे हाल ही में कहीं बाहर से आए हैं। उन्हीं का एक दुष्ट प्रतिद्वन्द्वी है। वह भी बाहर से आया है, किन्तु अब वह अपने को स्थानीय जन का ही अंग कहता है। उसके अनुयायी 'घुंडक' साधु हैं। ये लोग तप तो कम करते हैं और मठ में उत्पात अधिक करते हैं। इनका नेता ही 'घुंडकेश्वर स्वामी' कहलाता है। बहुत दिनों से वह नाना गोसाईं के स्थान पर अपने को प्रतिष्ठित करने के प्रयत्न में है और इसके लिए राजशक्ति का सहारा लेने की कोशिश कर रहा है। अब मध्ययुगीन धार्मिक सम्प्रदायों के बारे में जितने शोध ग्रन्थ सुलभ हैं उनमें से किसी में कहीं 'घुंडक' साधुओं का उल्लेख तो मिलता नहीं, न उनके गुरु घुंडकेश्वर स्वामी का ही। इसलिए यही मानना पड़ेगा कि यह द्विवेदीजी की कल्प-सृष्टि है; और पंडितजी की शब्द-रचना की वृत्ति से परिचित लोगों को यह बताने की जरूरत नहीं कि लोकभाषा का गुंडा ही सुसंस्कृत होकर 'घुंडक' बन गया है और गुंडेश घुंडकेश्वर! कहते हैं कि काशी हिन्दू विश्वविद्यालय में सचमुच ही इस नाम से जाने जानेवाले एक सज्जन उन दिनों हुआ करते थे।

जो हो, काशी आने पर द्विवेदीजी की काफी दिनों तक ऐसे ही छोटे लोगों के निम्नस्तरीय विरोध का सामना करना पड़ा, और वे बुरी तरह त्रस्त रहे। फिर भला उन्हें तुलसीदास के काशीवास के दिन क्यों न याद आते! दरअसल विरोध तो था शुद्ध स्वार्थ का। एकदम निजी और व्यक्तिगत। फिर भी उसे साहित्यिक और सैद्धान्तिक रूप तो देना ही था जैसा कि अक्सर होता है। सो विरोध को रूप यह दिया गया कि द्विवेदीजी काशी के हिन्दी विभाग की बनी-बनाई परम्परा को तोड़ रहे हैं! निस्सन्देह द्विवेदीजी ने पाठ्यक्रम में कुछ परिवर्तन किया था। यह परिवर्तन बहुत क्रान्तिकारी न था। अपनी ओर से उन्होंने एक हद तक उसे सन्तुलित करने का ही प्रयास किया था। मसलन एम.ए. के पाठ्यक्रम में निराला बिलकुल उपेक्षित थे; इसलिए निराला के 'तुलसीदास' जैसे अमर काव्य का समावेश किया। इसी प्रकार बी.ए. की कक्षाओं के सामान्य हिन्दी छात्र प्रेमचन्द के उपन्यासों से सर्वथा अपरिचित रह जाते थे; उन्हें प्रेमचन्द से परिचित होने का अवसर दिया गया। बस इसी

तरह के छोटे-मोटे परिवर्तन किए गए। अब इन परिवर्तनों को विरोध का मुद्दा बनाना तो जरा मुश्किल था। इसलिए आवाज यह उठाई गई कि द्विवेदीजी तो आचार्य शुक्ल के विरोधी हैं और हिन्दी विभाग से शुक्लजी के विचारों की परम्परा को उखाड़ फेंकना चाहते हैं। निश्चय ही यह आरोप विश्वसनीयता का आभास देनेवाला था। 'हिन्दी साहित्य की भूमिका' और 'कबीर' नाम की कृतियों में सचमुच ही द्विवेदीजी आचार्य शुक्ल की कुछ मान्यताओं का खंडन कर चुके थे। किन्तु इसके साथ ही यह भी सच है कि द्विवेदीजी ने आचार्य शुक्ल के प्रति अपनी श्रद्धा देने में कभी कोई कमी नहीं दिखाई। श्रद्धा का प्रमाण स्वयं 'हिन्दी साहित्य की भूमिका' का यह वाक्य है : "भारतीय काव्यालोचन शास्त्र का इतना गम्भीर और स्वतन्त्र विचारक हिन्दी में तो दूसरा हुआ ही नहीं, अन्यान्य भारतीय भाषाओं में भी हुआ है या नहीं, ठीक नहीं कह सकते। शायद नहीं हुआ।" यह घोषणा 1940 की है। आचार्य शुक्ल के निधन से ठीक पहले।

आचार्य शुक्ल के महत्त्व के बारे में द्विवेदीजी के ये वाक्य एक तरफ और सारी पोथियाँ एक तरफ–यह उक्ति उन सब पर भारी पड़ती है। आचार्य द्विवेदी से पहले किसी ने आचार्य शुक्ल के महत्त्व की प्रतिष्ठा इतनी उच्च भूमि पर की है, इसकी जानकारी मुझे नहीं है। इस घोषणा का ऐतिहासिक महत्त्व समझने के लिए नन्ददुलारे वाजपेयी के शुक्लजी पर लिखे पहले दो आक्रामक लेखों को याद कर लेना काफी है जो आगे चलकर 'हिन्दी साहित्य : बीसवीं शताब्दी' में संकलित हुए।

फिर भी काशी हिन्दू विश्वविद्यालय में द्विवेदीजी को यदि शुक्ल-विरोधी के रूप में प्रचारित किया जा रहा था, तो मानना पड़ेगा कि विरोधियों का शुक्ल-पक्ष, अपनी घोषगा के बावजूद कुछ और था। काशी का यह शुक्ल-पक्ष वस्तुतः आचार्य शुक्ल का कृष्ण पक्ष था : घोर दकियानूसी हथियारों को छिपाने के लिए आचार्य शुक्ल के उज्ज्वल नाम की नकाब!

यह मिथ्या-विरोध स्थानीय ईर्ष्या-द्वेष का एक उदाहरण ही बनकर रह जाता, यदि इसी दौरान एक साहित्यिक महत्त्व की घटना न घट गई होती। सन् 1955 की गर्मियों में आई डॉ. रामविलास शर्मा की पुस्तक 'आचार्य रामचन्द्र शुक्ल और हिन्दी आलोचना।' पुस्तक लिखने की आवश्यकता यह

बतलाई गई कि "पिछले वर्षों में शुक्लजी पर तरह-तरह के आक्षेप किए गए थे।" भूमिका में आक्षेप करनेवालों की जो सूची दी गई है उसमें हजारीप्रसाद द्विवेदी का नाम नहीं है, लेकिन पुस्तक के अन्दर मुख्य रूप से यदि किसी के आक्षेपों (?) का जवाब दिया गया है तो वह द्विवेदीजी हैं–विशेषतः 'सन्त साहित्य में योगियों की भूमिका' और 'इतिहास, जातीयता और साहित्य के रूप' शीर्षक दो अध्यायों में। निष्कर्ष यह निकलता है कि आचार्य शुक्ल तो अपने विचारों में मूलतः प्रगतिशील हैं और द्विवेदीजी प्रगति-विरोधी। इस पुस्तक के कुछ ही दिनों बाद अपनी पत्रिका 'समालोचक' के एक अंक में डॉ. शर्मा ने आचार्य हजारीप्रसाद द्विवेदी के निर्देशन में सम्पन्न डॉ. शिवप्रसादसिंह के शोध प्रबन्ध 'सूर पूर्व ब्रजभाषा' की लम्बी समीक्षा 'आचार्य शुक्ल और ब्रजभाषा की परम्परा' शीर्षक से प्रकाशित की। इस समीक्षा का अन्त इस प्रकार होता है : "इस ग्रन्थ में शुक्लजी को तो धता बताई गई है और उन आचार्यों की स्तुति की गई है जो शोध ग्रन्थ के निर्देशक थे या आगे उनके परीक्षक हो सकते थे। इस मनोवृत्ति को बढ़ावा देनेवाले ये आचार्य लोग ही हैं जो शुक्लजी के समान आदर और सम्मान न पाने से हिन्दीभाषियों से रुष्ट हैं।" प्रसंगवश एक जगह यह भी कहा गया है कि "फिर द्विवेदीजी स्वर्गीय आचार्य शुक्ल के स्थानापन्न प्राध्यापक हैं। किंचित् से अधिक रोष भी उन्हें शोभा दे सकता है।" समूची समीक्षा की दिशा स्पष्ट है : शुक्लजी की कुर्सी पर बैठकर द्विवेदीजी ईर्ष्यावश स्वयं तो उनका विरोध कर ही रहे हैं, अपने शिष्यों को भी ऐसा करने के लिए बढ़ावा दे रहे हैं। अन्ततः आलोचना के लक्ष्य हैं काशी हिन्दू विश्वविद्यालय के हिन्दी विभाग के आचार्य और अध्यक्ष हजारीप्रसाद द्विवेदी!

आखिर काशी के रूढ़िवादी शुक्ल-पूजक भी तो द्विवेदीजी पर यही आरोप लगा रहे थे! हुआ यह कि इस आलोचना से उन्हें एक मजबूत आधार मिल गया। दिशाएँ भले ही विपरीत हों, लक्ष्य तो एक था! प्रत्यक्ष सम्बन्ध भले न हो, परोक्ष सम्बन्ध तो जुड़ ही गया। इतिहास की यह भी एक विडम्बना ही है! प्रेमचन्द के पक्षधर, प्रगतिशील आन्दोलन के सहचर हजारीप्रसाद द्विवेदी को काशी के पंडितों द्वारा छेड़े हुए धर्मयुद्ध में कैसी प्रगतिशील सहायता मिली!

गोया इतना ही काफी नहीं था कि इसी समय इतिहास को एक और व्यंग्य सूझा। प्रयोगवादी शिविर का भी आचार्य द्विवेदी को लेकर सहसा मोहभंग हुआ। प्रयोगवादियों को लगा कि शान्तिनिकेतन के हजारीप्रसाद काशी हिन्दू विश्वविद्यालय में आकर एकदम राज्याश्रित हो गए। नेतृत्व सँभाला डॉ. धर्मवीर भारती ने, जिन्हें अपना शोध प्रबन्ध 'सिद्ध साहित्य' पूरा करने के लिए आचार्य द्विवेदी के पास शान्तिनिकेतन तक जाना पड़ा था। भारतीजी ने द्विवेदीजी की 'धुरीहीनता' प्रमाणित करने के लिए एक अच्छा-खासा लेख ही नहीं लिखा, 'बाणभट्ट' शीर्षक एक कविता भी लिख डाली। सहसा ज्ञानोदय हुआ कि सारा द्विवेदी-साहित्य मिथ्या है, "सत्य है राजा हर्षवर्धन के हाथों से मिला हुआ पान का सुगन्धित एक लघु बीड़ा/चाहे वह जूठा हो, पर उस पर लगा हुआ वर्कदार सोना था।" और अन्त में "हाय! बाणभट्ट! हाय! तुमको भी, तुमको भी, आखिर यही होना था!" इस बाणभट्ट शीर्षक कविता में जाने कैसे 'आत्मकथा' शब्द छूट गया!

यह भी एक तरह से काशी के पंडितों द्वारा लगाए गए आरोप का ही भाषान्तर था। वे भी तो यही कहते थे कि हजारीप्रसाद को राजनेताओं की कृपा से काशी हिन्दू विश्वविद्यालय का आचार्य पद मिला है, साहित्य विद्या और हिन्दी की पूँजी उनके पास कुछ नहीं है! इस धारणा की दृढ़ता का अन्दाजा इसी बात से लगाया जा सकता है कि आचार्य द्विवेदी के निधन के बाद भी काशी के उन्हीं पंडितों में से एक ने अवसर के उपयुक्त सामान्य शिष्टाचार का परित्याग करते हुए वक्तव्य दिया कि विभाग में वे राजनीति के कारण ही आए और अगर वे राजनीतिक न होते तो जितना उत्सव उनके दिवंगत होने पर हुआ उतना न होता! इस अवसर पर भी आचार्य शुक्ल से उनकी तुलना करने का लोभ संवरण न हुआ। बोले! आचार्य शुक्ल के मरने के बाद कोई उत्सव नहीं हुआ! यानी मृत्यु के बाद भी आरोप का अन्त नहीं! वे मनुष्य और होंगे जो यह मानते हैं कि शत्रु के मरने के बाद शत्रुता का अन्त हो जाता है!

इस प्रकार आक्रमण चौतरफा था! यह महज संयोग भी कहा जा सकता है। लेकिन वास्तविकता यही है कि एक समय विरोध में रूढ़िवादी भी थे, प्रयोगवादी भी और प्रगतिवादी भी! अन्ततः इस चौतरफा विरोध की

परिणति हुई मई, 1960 में जब द्विवेदीजी काशी हिन्दू विश्वविद्यालय से निकाल दिए गए। राज्याश्रयवाली बात में कितनी सच्चाई थी, इतिहास ने जैसे जवाब दे दिया। काशी हिन्दू विश्वविद्यालय की दस वर्षों की कशाकश से नजात मिली। एक अरसे से सोच रहे थे कि गंगाजल कलुषित हो गया है उसे छोड़ना ही पड़ेगा। वे 'द्विज' और होंगे जो उल्लू के नखों की चोट से बुरी तरह घायल हो जाने पर भी अपने पुरीष पुष्ट बपु को छोड़ते हिचकते हैं। यहाँ तो वह राजहंस हैं जो स्वर्ग-गंगा के विसलतालेश से संवर्धित हुए हैं और गंगा के जल को भी कलुषित पाकर त्याग सकते हैं। पंडितजी उन दिनों यह सुभाषित अक्सर दुहराया करते थे :

क्रुद्धोलूकनखप्रपातविगलत्पक्षा अपि स्वाश्रयं
ये नोज्झन्ति पुरीषपुष्टवपुषस्ते केचिदन्ये द्विजाः।
ये तु स्वर्गतरंगिणी विसलतालेशेन संबर्धिता
गाङ्गं नीरमपि त्यजन्ति कलुषं ते राजहंसा वयम्॥

इन दस वर्षों की कमाई का एक फल यह कि अपना कहने को काशी में एक मकान हो गया था, जहाँ सिर छुपाया जा सकता था, वरना विश्वविद्यालय छुटने के बाद तो खड़े होने के लिए सड़क ही होती।

तीस वर्ष बाद काशी ने फिर फेंका। इस बार ठौर मिला–पश्चिमोत्तर दिशा में। शिव के त्रिशूल से गिरे तो शिव के अलिक–शिवालिक पर। चंडीगढ़। क्या फर्क पड़ता है? अपनी काशी छुटी तो चाहे जो शहर हो।

जब मैकदा छुटा तो फिर अब क्या जगह की कैद।
मसजिद हो मदरसा हो कोई खानकाह हो॥

इस बार की पीड़ा ऐसी थी कि किसी के सामने व्यक्त नहीं की जा सकती थी। यह पीड़ा नहीं थी, यह अपमान था। न किसी को पत्र लिखा, न किसी पत्र में इसका जिक्र किया! किया हो तो मैं नहीं जानता। इस मनःस्थिति की पहली अभिव्यक्ति हुई 'कुटज' में, जिसके प्रथम दर्शन उसी पावस की 'कादम्बिनी' में हुए। चंडीगढ़ के नए ठिकाने पर पहुँचने के बाद ही उस भाव को वाणी मिली। अन्तर भी कितना! कहाँ 'अशोक के फूल' और कहाँ 'कुटज'! 'शापेनास्तंगमित महिमा' वाले यक्ष का अदना अर्घ्य! फिर भी हेकड़ी ऐसी कि, "कुटज क्या केवल जी रहा है? वह दूसरे के द्वार पर

भीख माँगने नहीं जाता, अपनी उन्नति के लिए अफसरों का जूता नहीं चाटता, आत्मोन्नति के हेतु नीलम नहीं धारण करता, अँगूठियों की लड़ी नहीं पहनता, दाँत नहीं निपोरता, बगलें नहीं झाँकता।" फिर स्वगत संलाप। "निरन्तर चोट पर चोट सहकर भी जी रहे हैं। सिर्फ जी ही नहीं रहे हैं, हँस भी रहे हैं। बेहया हैं क्या? या मस्तमौला हैं? कभी-कभी जो लोग ऊपर से बेहया दिखते हैं, उनकी जड़ें काफी गहरे पैठी रहती हैं। ये भी पाषाण की छाती फाड़कर न जाने किस अतल गह्वर से अपना भोग्य खींच लाते हैं।" और यह जड़ 'महाभारत' तक जाती है :

सुखं वा यदि वा दुःखं प्रियं वा यदि वाऽप्रियम्।
प्राप्तं प्राप्तुमुपासीत हृदयेनापराजितः॥

निष्कर्ष हृदयेनापराजितः। हृदय से अपराजित।

'कुटज' के कुछ ही दिनों बाद देवदारु। "अनेक वृक्षों और लताओं ने वातावरण से समझौता किया है, कितने ही मैदान में जा बसे हैं और खासी प्रतिष्ठा प्राप्त कर ली है; लेकिन देवदारु है कि नीचे नहीं उतरा, समझौते के रास्ते नहीं गया और उसने अपनी खानदानी चाल नहीं छोड़ी। झूमता है तो ऐसा मुस्कराता हुआ, मानो कह रहा हो, मैं सब जानता हूँ, सब समझता हूँ।" 'अशोक के फूल' के लेखक की लेखनी से जी उठनेवाला यह आखिरी फूल नहीं, वृक्ष है! इसके बाद फिर यह सुर न सधा! अब यह सिर्फ मस्ती ही नहीं रही। मस्ती में थोड़ी तल्खी भी आ मिली! फूल काँटों की तरह नुकीले हो गए!

लेकिन काशी अब भी नहीं भूला। सात साल बाद चंडीगढ़ छोड़ने से ठीक पहले मनोहरश्याम जोशी से बातचीत का यह टुकड़ा : "यों तो सारा का सारा हिन्दी क्षेत्र या कहें मध्यदेश बहुत रक्षणशील है, परन्तु काशी इस मामले में दो हाथ आगे ही रहा है। फिर भी (शान्तिनिकेतन से) लौटने पर मैंने देखा कि आधुनिकता के भौतिक पक्ष का इस नगर को भी कुछ स्पर्श मिल गया है। लेकिन आधुनिकता की आत्मा वहाँ अब भी दुर्लभ थी। बात-बात में मुझे शान्तिनिकेतन और रवीन्द्रनाथ को लेकर ताना दिया जाता था, कुछ इस ढंग से मानो उदार होना या सार्वभौम दृष्टि रखना कोई बहुत बड़ा अपराध हो। काशी विश्वविद्यालय में मैंने कबीर पढ़ाना शुरू किया तो

एक मित्र कुलपति से शिकायत कर आए कि जिस विभाग में तुलसीदास से पढ़ाई शुरू होती थी उसमें कबीर से शुरू होने लगी है।''

और फिर विश्वविद्यालय से निकाले जाने की बात याद आ गई। कहने लगे : ''जीवन में कई बार ऐसे अवसर आए हैं जब मेरे आदर्श यथार्थ से बुरी तरह टकराए हैं। मुझे अपार मानसिक कष्ट भोगना पड़ा है, लेकिन हर बार यही आस्था मुझे 'सिनिक' होने से बचा गई है। मैंने मन-ही-मन एक तत्त्ववाद स्वीकार कर लिया है कि भूलना और सह पाना भगवान की विशेष कृपा से आता है। जो इस कृपा का पात्र बन सका है वही होम करते हाथ जलने पर विचलित नहीं होता। मुझे बड़ा धक्का लगा, जब काशी विश्वविद्यालय में ऐसा किया गया, जिसका कोई कारण नहीं था, और जिसके बारे में बाद में स्वीकार कर लिया गया कि वह गलत था। मैं भरसक यत्न करता हूँ कि चर्चा का विषय न बनूँ, लेकिन इस निर्णय के बाद बन गया। विश्वविद्यालय से मेरा सम्बन्ध टूटा और मुझे अपयश का भागी बनना पड़ा। लोगों ने मुझसे कहा कि मैं अदालत में जाऊँ, मगर मैं नहीं गया। मित्रों ने कहा, तुम कायर हो, बेवकूफ हो। मैं यही सोचता रहा कि मैंने क्या गलती की है, जिसका यह दंड मिला। बहुधा जब मैं उद्वेलित होता हूँ, मन को शान्त करने के लिए कोई पुस्तक पढ़ने बैठ जाता हूँ। उद्वेलन की उस घड़ी में गुरुदेव की एक पुस्तक उठा ली और मेरी दृष्टि एक गान पर पड़ी जो पहले कभी नहीं पढ़ा था। इस आशय की चार पंक्तियाँ कि 'कर पल्लव से तुमने मुस्कराते हुए एक चपत लगा दी है तो भला मैं क्यों रोऊँ।' इन पंक्तियों से मेरे मन को बल मिला और मैंने फैसला किया कि मेरी अदालत कोई और है।''

और 'उस अदालत' ने काशी फिर बुलाया। सात साल बाद। अक्तूबर, 1967 में। उम्र के साठ साल पूरे हो चुकने पर। तब तक पुराने स्थानीय विरोधी अवकाश पा चुके थे, शैक्षिक सेवा से। मनसाराम ने सोचा मार्ग निष्कंटक है। हिसाब लगाया। काशी आ गए। बड़ा स्वागत हुआ। फूलमालाओं से लद गए। अपनी 'उस अदालत' की न्याय बुद्धि में, निश्चय ही, आस्था और दृढ़ हुई होगी। लेकिन काशी तो काशी। फिर अड़ंगा लगा। हिन्दी विभाग के आचार्य की मिली हुई कुर्सी दोबारा छिन गई। जिस राज्याश्रय के लिए इतने बदनाम, वह भी काम न आया! कुलपति ने अपनी

प्रतिष्ठा रखने के लिए रेक्टर का पद दिया। यही है वह थोड़े दिन की महन्ती! आँचल का अंगारा! कुलपति गए, कुलपति आए। स्वभावतः उन्हें अपने अनुकूल नए रेक्टर की जरूरत थी। संयोग से 'हिन्दी का ऐतिहासिक व्याकरण' योजना के निदेशक की कुर्सी खाली थी—बहुत दिनों से! सन्तोष पारितोषिक के लिए इससे उपयुक्त जगह क्या हो सकती थी? दो साल की महन्ती से मुक्त होकर रेक्टर द्विवेदी व्याकरण योजना के निदेशक बने—एक ऐसी योजना जो सुनने में तो बहुत बड़ी लगती है और किसी समय उसमें पाँच-छह शोध सहायक भी कार्यरत थे, लेकिन थी वह वस्तुतः हिन्दी विभाग का एक अनुभाग ही; और हिन्दी विभाग के भूतपूर्व आचार्य और अध्यक्ष जब इस अनुभाग के पूर्णकालिक निदेशक बनकर आए तो वहाँ उनकी सहायता के लिए शायद एक लिपिक अथवा आशुलिपिक मात्र सुलभ था। दुनिया की नजर में अफसर का रुतबा उसके दफ्तर से होता है—दफ्तर के तामझाम से, सहयोगियों, कर्मचारियों, चपरासियों के लाव-लश्कर से। यहाँ महादेवी जी के गीत को चरितार्थ करता हुआ—यह मन्दिर का दीप अकेला...! लेकिन दुनिया के सामने इसे स्वीकार कैसे किया जाए! लिहाजा हिन्दी के ऐतिहासिक व्याकरण की रचना के ऐतिहासिक महत्त्व के विराट मानचित्र का घटाटोपपूर्ण कथन-अनुकथन! उन दिनों यदि चेखव का कोई पाठक पंडितजी से मिला होगा तो उसे 'डार्लिंग' कहानी जरूर याद आई होगी! व्याकरण के अलावा कोई बात नहीं करते थे! साहित्य का व्याकरण लिखनेवाला अब भाषा के व्याकरण में सिर खपा रहा था! सामने था दस वर्षों तक किए हुए निरर्थक काम का अम्बार! गर्द-गुबार से एकाकार! इसी का जीर्णोद्धार करना था। हाथ लगाया कि "उड़ी धूल, तन सारा भर गया।" मन भी भर गया।

और जो इस हालत में पंडितजी को नहीं देख सकते थे उन्होंने एक दिन सहसा देखा कि वे अब काशी विश्वविद्यालय के व्याकरण विभाग को छोड़कर उत्तर प्रदेश सरकार की हिन्दी ग्रन्थ अकादमी सँभालने लखनऊ पहुँच गए! काशी फिर छुटा। तीसरी बार। लेकिन इस बार का छूटना कुछ ऐसा हुआ कि चाहें तो महीने में आधे दिन घर भी रह सकते हैं। गरज कि काशी छूटा तो लेकिन आधा ही! पूरा छूटने का अर्थ था महाप्रस्थान!

और वह घड़ी भी जल्द ही आई। अप्रत्याशित। पक्षाघात का आक्रमण

हुआ 1979 के वसन्त में। अशोक में फूल नहीं आए थे। शिरीष में भी नहीं। आम जरूर बौरा गए थे। काशी में इलाज न हो सका। दिल्ली आए। आए नहीं, बल्कि लाए गए। और इस बार ऐसे आए कि फिर काशी लौटकर नहीं गए। शव भी न जा सका। शायद काशी ने बुलाया ही नहीं इस बार।

यह है उस विषम यात्रा का अन्त, जिसे 'शान्तिनिकेतन से शिवालिक' के रूप में अभिहित किया गया है, लेकिन है उसके मध्य में काशी ही। पंडित तो यही कहेंगे कि काशी उनके भाग्य में था ही नहीं। लेकिन थे वे काशी के ही भाग्य में। शान्तिनिकेतन उनके नाम के साथ चाहे जितना चिपका हो, उनका वास्तविक भाव चित्र पूरा होता है काशी से ही। काशी के बिना वे सम्भव ही न थे; जैसे कि कबीर, जैसे कि तुलसीदास और जैसे कि प्रेमचन्द भी। उनका धर्मक्षेत्र-कर्मक्षेत्र काशी ही था—समवेत युयुत्सुओं के साथ। कहनेवाले तो कहते हैं कि काशी ने उन्हें क्षति ही पहुँचाई, व्यर्थ का शक्ति-क्षय भी हुआ और वहाँ रहते जो लिखा वह बाहर रहकर लिखे से कम ही अच्छा है। लेकिन मनुष्य की पहचान संघर्ष भूमि में होती है, पूजा की वेदी पर नहीं। विरोधों से यह ज्यादा जाना जाता है। काशी का वह संघर्ष निस्सन्देह बहुत ओछा था और निराला के शब्दों में द्विवेदीजी भी महसूस करते थे कि—

जो उत्पात घात आए हैं
और निम्न मुझको लाए हैं

लेकिन इसके साथ ही वे यह भी जानते थे कि वह समाज के व्यापक संघर्ष का एक अंग है, यदि प्रतीक नहीं। जो आदमी अपने स्वास्थ्य की जरा-सी गड़बड़ी में भी इतिहास के घटनाचक्र की ध्वनि सुनने का आदी था, वह ऐसी सार्वजनिक लड़ाई को निजी समझने का भ्रम कैसे पालता? 'लड़ाई ख़त्म हो गई' शीर्षक एक परवर्ती निबन्ध में द्विवेदीजी लिखते हैं : "न जाने मेरे स्वास्थ्य और इतिहास में क्या सम्बन्ध है कि जब इतिहास जरा वेग पकड़ता है तभी मेरे शरीर के नाना जाति के कीटाणुओं में भी हलचल पैदा हो जाती है। मेरे कृपालु चिकित्सक उस धड़कन को अनेक नामों से बताते हैं, पर मेरे अन्तर्यामी कहते रहते हैं—यह तुम्हारी धड़कन नहीं है, कहीं कुछ घट रहा है, कुछ पिट रहा है, कुछ मिट रहा है! हाय रे भाग्य, इतिहास-विधाता

की सड़क क्या मेरी धमनियों में ही गुजरती है।" *(ग्रन्थावली, 10/431)*

इतिहास-विधाता में उनका विश्वास इतना बद्धमूल था कि वे प्रायः अपने कर्मों को उसी के द्वारा प्रेरित समझते थे; गोया इतिहास द्वारा वे विशेष भूमिका के लिए नियुक्त किए गए हों! जिन दिनों काशी हिन्दू विश्वविद्यालय में उन्हें बुलाने की बात उठी थी, उन्हीं दिनों सुमनजी को 28.10.48 के लिखे पत्र में इस विश्वास की अभिव्यक्ति मिलती है। कहते हैं : "काशी जाना या न जाना, सुनाम या बदनाम होना--सबकुछ उसी के हाथ है। मैं निश्चित जानता हूँ कि उसकी कोई बड़ी योजना है। हम लोग निमित्त मात्र हैं। यह जो बैठे-बिठाए दुर्भाग्य का ढेला लग गया है सो न जाने किस महान कार्य की भूमिका है। मेरे मन में इस समय कुछ बड़ा काम करने का जितना उत्साह है उतना कभी नहीं था। ऐसा क्यों होता है?" अपने इस विश्वास पर उन्हें स्वयं भी आश्चर्य था। फिर लगा कि इसे पढ़कर लोग मुस्कराएँगे। इसलिए इसी क्रम में आगे : "मैं कल्पना कर रहा हूँ कि आप इतना पढ़कर मुस्करा रहे होंगे। शायद सोचने लगे हों कि यह भी 'निष्क्रियता' का प्रचार है? मगर मैं आपको कैसे बताऊँ कि यह ऐसा कुछ नहीं है। जब-जब मैं अनुभव करता हूँ कि उधर से 'कृपा' का कुछ प्रमाण मिल रहा है तब-तब मुझे कुछ नया करने का उत्साह आता है। केवल उस समय इतना ही सोचता हूँ कि 'मैं' कुछ नहीं कर रहा हूँ। कोई और करा रहा है।" अन्त में अपनी स्थिति कुछ और स्पष्ट करते हुए कहते हैं : "मैं अच्छा आस्तिक कभी नहीं रहा हूँ। परन्तु बुरा नास्तिक भी नहीं रहा हूँ। बुरा आस्तिक दम्भी होता है और बुरा नास्तिक अहंकारी। मैं तो सुमनजी, एक अद्‌भुत मिश्रण हूँ। मुझमें थोड़ा दम्भ है, पर अहंकार कम है। कभी-कभी सोचता हूँ कि अहंकारी होता तो अच्छा था। अहंकारी अच्छा, दम्भी नहीं।" निःशस्त्र कर देनेवाली इस ईमानदार स्वीकारोक्ति के सामने वे सभी सम्भाव्य आलोचनाएँ तो ध्वस्त हो ही जाती हैं जिनके पीछे आत्मनिरपेक्ष इतिहास को ही कर्त्ता मान लेने का दम्भ है; साथ ही वे आपत्तियाँ भी जो इतिहास की वस्तुनिष्ठ शक्ति को नकारकर अपनी ही कर्तृत्व-शक्ति के अहंकार से उद्‌भूत हैं। फिर भी जैसा कि द्विवेदीजी ने कहा है, अहंकारी अच्छा, दम्भी नहीं क्योंकि उसमें बुरे आस्तिक की आत्म-वंचना होती है, जिससे अहंकारी कम-से-कम मुक्त तो होता है!

यह विश्वास न भाग्यवाद है, न नियतिवाद। वे ज्योतिष के पंडित जरूर थे, लेकिन जैसा कि 'लड़ाई खत्म हो गई' वाले निबन्ध में, शिवप्रसाद जी का हवाला देते हुए वे अपने खास अन्दाज में कहते हैं, "मैं ज्योतिष जानता हूँ, वह मानते हैं।" *(ग्रन्थावली, 10/435)* उन्हें ज्योतिष को मानने की जरूरत न थी क्योंकि उसे वे जानते थे। इसीलिए एक ओर यदि वे इतिहास-विधाता की शक्ति को जानते थे तो दूसरी ओर अपनी सीमा और शायद सम्भावना को भी पहचानते थे। वस्तुतः वे यथार्थवादी थे।

आखिरी दिनों का लिखा एक लेख है : 'जिन्दगी और मौत के दस्तावेज।' फरवरी 1978 की 'कादम्बिनी' में छपा था। मृत्यु से पहले जैसे अपनी जिन्दगी का सिंहावलोकन करते हुए कहते हैं : "शुरू से अन्त तक जीवन में जो करना चाहा, वह न कर सका और जिसकी बिलकुल आकांक्षा नहीं थी, वही हो गया। बनने चला था ज्योतिषी, बन गया हिन्दी का लेखक। जो लिखना चाहा था वह नहीं लिखा, अप्रत्याशित रूप से कुछ ऐसा लिख गया जिसकी कल्पना भी मन में नहीं थी।" इसीलिए वे अक्सर अपने आपको 'शूद्र जाति का ब्राह्मण' कहा करते थे। उनकी नजर में शूद्र जाति के ब्राह्मण वे हैं जो किसी दूसरे के इशारे से विनियुक्त होकर कलम घसीटते हैं। इनके अलावा, वैश्व जाति के ब्राह्मण वे हैं जो अर्थोपार्जन के लिए कलम को तराजू की भाँति इस्तेमाल करते हैं; क्षत्रिय जाति के ब्राह्मण वे हैं जो 'युद्धं देहि' का बाना धारण किए हुए कलम को ताने रहते हैं; और सबसे श्रेष्ठ (?) ब्राह्मण-ब्राह्मण वे हैं जो अपनी योजना के अनुसार लिखते-पढ़ते हैं। *(ग्रन्थावली, 9/113)*

अब ब्राह्मण-ब्राह्मण चाहें तो अपनी श्रेष्ठता पर गर्व कर सकते हैं और हजारीप्रसाद द्विवेदी जैसे शूद्र-ब्राह्मण पर तरस भी खा सकते हैं; लेकिन तरस खाने से पहले एक बार अच्छी तरह देख लें कि वे जिस 'दूसरे' के इशारे पर विनियुक्त होकर लिखने का जिक्र कर रहे हैं, वह कोई आतंककारी शासक, आश्रयदाता राजा, सेठ या नेता है अथवा कुछ और? विडम्बना यह है कि द्विवेदीजी को अपनी इस स्थिति पर कोई अफसोस भी नहीं है। वे उसी सहज स्वर में कहते हैं : "अफसोस करना बेकार है। शायद अफसोस करने में भी मैं बहुत अधिक स्वतन्त्र नहीं हूँ।"

शंका हो सकती है कि यह चरम निराशावाद है। जो लोग आचार्य द्विवेदी के आरम्भिक आत्मविश्वास और ऊर्जा से परिचित हैं, उनके लिए ये वचन वृद्धावस्था की थकान के सूचक प्रतीत हो सकते हैं। किन्तु इस निष्कर्ष पर पहुँचने से पहले उसी निबन्ध के इस वाक्य पर ध्यान देना चाहिए : ''यह निराश भाव नहीं है, आशा का वाक्य है; क्योंकि विधाता की योजना मंगल की है।'' *(ग्रन्थावली, 9/112)*

निराधार है यह शंका कि हजारीप्रसाद द्विवेदी वृद्धावस्था में श्रान्त-क्लान्त होकर समर्पण कर बैठे थे। 19 जनवरी, 1978 के 'साप्ताहिक हिन्दुस्तान' के लिए उन्होंने एक लेख लिखा था : जिसका शीर्षक है 'भीष्म को क्षमा नहीं किया गया।' लेख का आरम्भ एक मित्र के इस कथित अभियोग से होता है कि ''देश की दुर्दशा देखते हुए भी मैं कुछ कह नहीं रहा हूँ अर्थात् इस दुर्दशा के लिए जो लोग जिम्मेदार हैं उनकी भर्त्सना नहीं कर रहा हूँ। यह एक भयंकर अपराध है। कौरवों की सभा में भीष्म ने द्रौपदी का भयंकर अपमान देखकर भी जिस प्रकार मौन धारण किया था, वैसे ही कुछ मैं और मेरे जैसे कुछ अन्य साहित्यकार चुप्पी साधे हैं। भविष्य इसे उसी प्रकार क्षमा नहीं करेगा जिस प्रकार भीष्म पितामह को क्षमा नहीं किया गया।'' और द्विवेदीजी सोच में पड़ जाते हैं। स्वीकार करते हैं कि प्राचीन काल में भीष्म जैसा धर्मज्ञ और ज्ञानी खोजना कठिन है। महाभारत का शान्तिपर्व इसका गवाह है। कोई तो समस्या भले आदमी ने छोड़ी नहीं। प्राचीन काल के ज्ञानियों में भीष्म मुझे सबसे अधिक प्रभावित करते हैं अपने अगाध *इतिहास बोध* के कारण। युधिष्ठिर के हर प्रश्न के उत्तर में वह प्रायः यह कहकर शुरू करते हैं–'अत्राप्युदाहरन्तीमितिहासं पुरातनम्।' (यहाँ भी लोग इस पुराने इतिहास की नजीर देते हैं।)

इसके अलावा भीष्म का त्याग भी महान है। उदाहरण है ब्रह्मचर्य का भीषण व्रत। फिर भी उन्हें अवतारों में शामिल नहीं किया गया। विचित्र बात है कि उनके गुरु परशुराम को अवतार मान लिया गया, जबकि वे ज्ञान-विज्ञान की जानकारी में भीष्म से कम तो थे ही, असन्तुलित और क्रोधी भी थे।

चिन्तन के क्रम में भीष्म के साथ गुरु द्रोणाचार्य भी याद आते हैं,

क्योंकि द्रौपदी का अपमान देखकर चुप रह जानेवालों में वे भी थे। द्रोण के बारे में द्विवेदीजी की टिप्पणी है : "द्रोण गरीब अध्यापक थे, बाल-बच्चे वाले थे। गरीब ऐसे कि गाय भी नहीं पाल सकते थे। बिचारी ब्राह्मणी को चावल का पानी देकर दूध माँगनेवाले बच्चे को फुसलाना पड़ा था। उसी अवस्था में लौट जाने का साहस कम लोगों में होता है।" इस आत्मीय सहानुभूति के बाद वे तुरन्त भीष्म के बारे में पलटकर कहते हैं, पर भीष्म तो पितामह थे उन्हें बाल-बच्चों की फिक्र भी नहीं थी, भीष्म को क्या परवा थी।

सारे सोच-विचार के बाद अन्त में निर्णय यह कि "जान पड़ता है कि भीष्म में कर्तव्य-अकर्तव्य के निर्णय में कहीं कोई कमजोरी थी। वह उचित अवसर पर उचित निर्णय नहीं ले पाते थे। यद्यपि वह जानते बहुत थे, तथापि कुछ निर्णय नहीं ले पाते थे। उन्हें अवतार न मानना ठीक ही हुआ। आजकल भी ऐसे विद्वान मिल जाएँगे, जो जानते बहुत हैं, करते कुछ भी नहीं। करनेवाला इतिहास-निर्माता होता है, सिर्फ सोचते रहनेवाला इतिहास के भयंकर रथचक्र के नीचे पिस जाता है। इतिहास का रथ वह हाँकता है, जो सोचता है और सोचे हुए को करता है।" *(ग्रन्थावली, 9/251)*

संकेत स्पष्ट है : इतिहास का रथ हाँकनेवाले कृष्ण थे, और रथचक्र के नीचे पिस जानेवाले भीष्म। द्विवेदीजी को इस भीष्म से कोई सहानुभूति नहीं है। सहानुभूति है तो द्रोण से, लेकिन श्रद्धा है कृष्ण के प्रति ही। आखिर कृष्ण होते ही कितने हैं जो हजारीप्रसाद द्विवेदी से यह अपेक्षा रखें कि वे कृष्ण क्यों न हुए। कृष्ण उनके आराध्य थे, यही क्या कम है?

फिर भी उनमें पीड़ा का बोध है। यह पीड़ा गुरु द्रोण के प्रति सहानुभूति के रूप में व्यक्त हुई है। यह पीड़ा है अपेक्षित कर न पाने की। हममें से कितने ही हैं जिन्हें यह पीड़ा भी नहीं होती। जो ज्यादा बड़े बौद्धिक हैं उनके पास कुछ न करने का विपुल तर्कशास्त्र है। द्विवेदीजी ज्यादा ईमानदार थे। उन्हें पीड़ा होती थी। अपने प्रिय कवि कबीर की वह पंक्ति वे अन्तिम दिनों में अक्सर दुहराते थे : दुखिया दास कबीर है जागे और रोए। जागना अर्थात् विवेक के साथ सोचना। मृत्यु से कोई सालभर पहले लिखे 'मनुष्य का भविष्य' शीर्षक निबन्ध में उन्होंने लिखा था : "अगर पीड़ा है तो आशा है। जीवन में न जाने कितने रूपों में पीड़ा में छिपी हुई आशा को

देखा था।'' *(ग्रन्थावली, 9/453)*

कभी-कभी लगता है कि पंडितजी में पीड़ा का यह बोध यदि कुछ कम होता तो वे कुछ दिन और जीते। लेनिन की पत्नी क्रुप्सकाया ने लेनिन के बारे में कहीं लिखा है कि वे कुछ और जीते यदि कुछ कम संवेदनशील होते।

लेकिन द्विवेदीजी इस पीड़ा को पालनेवाले न थे। न उस पीड़ा में वे रस ही लेते थे। आखिरी दिनों के ही लिखे 'क्या निराश हुआ जाए?' शीर्षक लेख में वे लिखते हैं कि ''ठगा भी गया हूँ, धोखा भी खाया है, परन्तु बहुत कम स्थलों पर विश्वासघात नाम की चीज मिली है। केवल उन्हीं बातों का हिसाब रखूँ जिनमें धोखा खाया है तो जीवन कष्टकर हो जाए। परन्तु ऐसी घटनाएँ बहुत कम नहीं हैं जहाँ लोगों ने अकारण सहायता की है, निराश मन को ढाढ़स दिया है और हिम्मत बँधाई है।'' *(ग्रन्थावली, 9/450)*

ठगे जाने का अनुभव व्यक्तिगत भी था और सामाजिक भी। इस यथार्थ से वे अनभिज्ञ न थे कि 'खलई का हुलास' बेहिसाब बढ़ गया है और उसी अनुपात में, बल्कि कुछ अधिक मात्रा में 'साधुता का सोच' भी बढ़ा है। ऐसा हुआ है 'धनसंग्रह की प्रवृत्ति' को बढ़ावा मिलने के कारण। उन्होंने यह भी लक्ष्य किया कि ''सुविधाभोगी वर्ग की स्थिति में परिवर्तन'' के कारण व्यक्ति पिसा जाता है। पर उन्हें विश्वास था कि ''स्वाधीन भारत की बुभुक्षु जनता ज्यादा देर यह सब बर्दाश्त नहीं करेगी।'' *(ग्रन्थावली, 9/78)* इसीलिए वे पीड़ा से अवसन्न न हुए। यह विश्वास उन्हें अपने देश की जनता से भी प्राप्त होता था और अपनी परम्परा से भी। समाज के एक छोटे से तबके से मिलनेवाला तिरस्कार उनकी इस आस्था को डिगा न सका। इसीलिए तुलसीदास का स्मरण करते समय जहाँ उन्हें स्वयं अपने जीवन की विपन्नता, विरोध आदि याद आते थे वहीं यह भी नहीं भूलता था कि ''परिस्थितियाँ मनुष्य को कष्ट पहुँचा सकती हैं, धक्का दे सकती हैं, पर रगड़कर नष्ट नहीं कर सकतीं। मनुष्य परिस्थितियों से बड़ा है, बशर्ते वह 'मनुष्य' हो, किसी तरह जीवित रहकर मरने की तैयारी करते रहनेवाला भुनगा नहीं—मनुष्य।'' *(ग्रन्थावली, 4/494)*

हजारीप्रसाद द्विवेदी मनुष्य थे। तुलसीदास के समान ही काशी के ''ब्राह्मण समाज में ज्यों अछूत,'' लेकिन मनुष्य!

अस्वीकार का साहस

हजारीप्रसाद द्विवेदी का नाम कबीर के साथ उसी तरह जुड़ा है जैसे तुलसीदास के साथ रामचन्द्र शुक्ल का। हिन्दी में द्विवेदीजी पहले आदमी हैं जिन्होंने यह घोषणा करने का साहस किया कि, "हिन्दी साहित्य के हजार वर्षों के इतिहास में कबीर जैसा व्यक्तित्व लेकर कोई लेखक उत्पन्न नहीं हुआ। महिमा में यह व्यक्तित्व केवल एक ही प्रतिद्वन्द्वी जानता है, तुलसीदास।" (*कबीर,* पृ. 222) यदि हजारीप्रसाद द्विवेदी के "कबीरदास बहुत कुछ को अस्वीकार करने का अपार साहस लेकर अवतीर्ण हुए थे।" (पृ. 7) तो 'कबीर' के हजारीप्रसाद में भी यह साहस कम नहीं है।

'कबीर' के प्रकाशन-काल (1942) तक हिन्दी में न तो कबीर की साहित्यिक प्रतिष्ठा थी और न कोई स्वतन्त्र आलोचना पुस्तक ही। 'प्रिय प्रवास' के यशस्वी कवि अयोध्यासिंह उपाध्याय 'हरिऔध' ने इस शताब्दी के दूसरे दशक के मध्य में 'कबीर वचनावली' (1916) नाम से कबीर के वचनों का एक संक्षिप्त संकलन अच्छी-खासी भूमिका के

साथ सम्पादित किया था और उसने कबीर की ओर साहित्य प्रेमियों का ध्यान भी आकृष्ट किया, किन्तु वह पुस्तक साहित्य में कबीर को प्रतिष्ठित करने में समर्थ न हो सकी। तीसरे दशक के अन्त में बाबू श्यामसुन्दर दास ने 'कबीर ग्रन्थावली' (1928) नाम से कबीर की समस्त उपलब्ध रचनाओं का पहली बार सम्पादन करके निस्सन्देह बहुत बड़ा काम किया। उन्होंने इस ग्रन्थ के आरम्भ में अपने शिष्य और निर्गुण सम्प्रदाय के विशेषज्ञ डॉ. पीताम्बरदत्त बड़थ्वाल की मदद से एक लम्बी प्रस्तावना जोड़कर कबीर के अध्ययन का पथ भी प्रशस्त किया। किन्तु कबीर के प्रति यथोचित सम्मान के बावजूद बाबू साहब भी उन्हें साहित्य में प्रतिष्ठित न कर पाए क्योंकि वे स्वयं ही कबीर के कवित्व के प्रति आश्वस्त न थे। 'ग्रन्थावली' की भूमिका में उन्होंने लिखा है : "तिस पर कबीरदासजी स्वयं पढ़े-लिखे न थे। उन्होंने जो कुछ कहा है, वह अपनी प्रतिभा तथा भावुकता के वशीभूत होकर कहा है। उनमें कवित्व उतना नहीं था जितनी भक्ति और भावुकता थी। उनकी अटपट वाणी हृदय में चुभनेवाली है।" (पृ. 4) अब कबीर में चाहे जितनी प्रतिभा और भावुकता हो और उनकी वाणी भी चाहे कितनी ही चुभनेवाली क्यों न हो, लेकिन यदि वह 'अटपट' है और उसमें 'कवित्व' नहीं है तो साहित्य में उसे भला प्रतिष्ठा क्यों मिलने लगी?

किसी कवि को साहित्य में प्रतिष्ठा दिलानेवाले थे आचार्य शुक्ल; लेकिन उन्होंने जहाँ तुलसीदास, सूरदास और जायसी पर स्वतन्त्र रूप से विस्तृत समीक्षाएँ लिखीं, कबीर को इस योग्य नहीं समझा। उनके लिए कबीर का महत्त्व 'इतिहास' तक ही सीमित रहा; और 'इतिहास' में भी कबीर के प्रति सम्मान या सहानुभूति का भाव नहीं दिखता। उनकी दृष्टि में कबीर की भाषा तो पँचमेल है ही, विचार भी पँचमेल है; प्रतिभा उनमें जरूर बड़ी प्रखर थी और उनकी उक्तियों में **कहीं-कहीं** विलक्षण प्रभाव और चमत्कार भी है, लेकिन कवित्व भी है—यह शुक्लजी ने कहीं नहीं कहा है। 'इतिहास' के संशोधित और प्रवर्धित संस्करण (1940) में आगे चलकर शुक्लजी ने इतना तो स्वीकार किया कि "मनुष्यत्व की सामान्य भावना को आगे करके निम्न श्रेणी की जनता में उन्होंने आत्म-गौरव का भाव जगाया" (पृ. 65) लेकिन उस बात से 'तुलसीदास' नामक पुस्तक (1923) में पहले की लिखी इस बात

का परिहार नहीं होता कि कबीर आदि निर्गुणिया सन्त **लोक-विरोधी** थे। (पृ. 16)

इस प्रकार कबीर की वाणी पर सोचने-विचारने के लिए हिन्दी से कोई उत्साहवर्धक प्रकाश मिलने की आशा न थी; जो मिल रही थी वह थी चुनौती। प्रकाश की कोई किरण यदि कहीं थी तो शान्तिनिकेतन में। द्विवेदीजी के शान्तिनिक़ेतन पहुँचने से काफी पहले रवीन्द्रनाथ ठाकुर की प्रेरणा से आचार्य क्षितिमोहन सेन बाचिक परम्परा में प्राप्त कबीर के वचनों का संग्रह करके 1910 में चार भागों में उनका सटीक प्रकाशन करवा चुके थे। फिर रवीन्द्रनाथ ने स्वयं भी इनमें से सौ पद चुनकर अंग्रेजी में अनुवाद किया और एवलिन अंडरहिल की भूमिका के साथ लन्दन से 'वन हंड्रेड पोएम्स ऑफ कबीर' (1914) शीर्षक से प्रकाशित करवाया था। द्विवेदीजी के लिए ये दोनों ही सजीव प्रेरणाएँ सुलभ थीं। इसलिए इस अनुमान के लिए ठोस आधार है कि व्यापक क्षेत्र में इतनी ख्याति मिलने पर भी स्वयं अपने ही घर में कबीर को उपेक्षित पाकर द्विवेदीजी कबीर के अध्ययन की ओर प्रवृत्त हुए। अप्रासंगिक नहीं है कि द्विवेदीजी का 'कबीर' आचार्य क्षितिमोहन सेन को समर्पित है।

'कबीर' सम्बन्धी अधिकांश मान्यताओं का बीजारोपण 'हिन्दी साहित्य की भूमिका' (1940) में ही हो चुका था। 'भक्तिकाल के प्रमुख कवियों का व्यक्तित्व' शीर्षक आठवें अध्याय में कबीर पर प्रायः वह सब संक्षेप में कह दिया गया है जिसका पल्लवित रूप आगे चलकर 'कबीर' नामक ग्रन्थ में मिलता है। कबीर की विद्रोही भावना स्वयं उनकी सामाजिक स्थिति की स्वाभाविक उपज थी, इसको रेखांकित करते हुए 'भूमिका' में द्विवेदीजी ने लिखा : "वे दरिद्र और दलित थे इसलिए अन्त तक वे इस श्रेणी के प्रति की गई उपेक्षा को भूल न सके। उनकी नस-नस में इस अकारण दंड के विरुद्ध विद्रोह का भाव भरा था।" (पृ. 96) इसके बाद कबीर के कवित्व को प्रकाशित करते हुए यह कहा गया : "कविता करना उनका लक्ष्य नहीं था, फिर भी उनकी उक्तियों में कवित्व की ऊँची से ऊँची चीज प्राप्य है।" (पृ. 97) अन्त में इस संक्षिप्त परिचय का उपसंहार इन वाक्यों से होता है : "वे साधना के क्षेत्र में युगगुरु थे और साहित्य के क्षेत्र में भविष्य के स्रष्टा।

संस्कृत के 'कूपजल' को छुड़ाकर उन्होंने भाषा के 'बहते नीर' में सरस्वती को स्नान कराया। उनकी भाषा में बहुत-सी बोलियों का मिश्रण है; क्योंकि भाषा उनका लक्ष्य नहीं था और अनजान में वे भाषा की सृष्टि कर रहे थे।'' (पृ. 98) कहने की आवश्यकता नहीं कि बाद की पीढ़ी ने इस भविष्यस्त्रष्टा को जल्द ही पहचान लिया और इस प्रकार हिन्दी साहित्य के परवर्ती विकास ने द्विवेदीजी की भविष्यवाणी की पुष्टि कर दी।

चूँकि कबीर का तिरस्कार मुख्यतः उनकी अटपटी भाषा और कवित्वहीनता को ही लेकर किया गया था, इसलिए 'कबीर' नामक ग्रन्थ में द्विवेदीजी ने इस पक्ष की सविस्तार और सोदाहरण चर्चा की। अब तक कबीर की 'डाँट-फटकार' और 'खंडन-मंडन' की चर्चा तो बहुत हुई थी, किन्तु उनके व्यंग्यों का कहीं जिक्र भी नहीं आया था। द्विवेदीजी ने पहली बार कबीर के व्यंग्यकार रूप को प्रस्तुत करते हुए घोषित किया : ''सच पूछा जाए तो आज तक हिन्दी में ऐसा जबरदस्त व्यंग्य-लेखक पैदा ही नहीं हुआ। उनकी साफ चोट करनेवाली भाषा, बिना कहे भी सबकुछ कह देनेवाली शैली और अत्यन्त सादी किन्तु अत्यन्त तेज प्रकाशन भंगी अनन्य-साधारण है। हमने देखा है कि बाह्याचार पर आक्रमण करनेवाले सन्तों और योगियों की कमी नहीं है, पर इस कदर सहज और सरस ढंग से चकनाचूर कर देनेवाली भाषा कबीर के पहले बहुत कम दिखाई दी है। व्यंग्य वह है, जहाँ कहनेवाला अधरोष्ठों में हँस रहा हो और सुननेवाला तिलमिला उठा हो और फिर भी कहनेवाले को जवाब देना अपने को और भी उपहासास्पद बना लेना हो जाता हो।'' (पृ. 172)

अन्यत्र भी ''भाषा पर कबीर का जबरदस्त अधिकार था। वे वाणी के डिक्टेटर थे। जिस बात को उन्होंने जिस रूप में प्रकट करना चाहा है उसे उसी रूप में भाषा से कहलवा लिया—बन गया तो सीधे-सीधे, नहीं तो दरेरा देकर। भाषा कुछ कबीर के सामने लाचार-सी नजर आती है। उसमें मानो ऐसी हिम्मत ही नहीं है कि इस लापरवाह फक्कड़ की किसी फरमाइश को नाहीं कर सके। और अकह कहानी को रूप देकर मनोग्राही बना देने की तो जैसी ताकत कबीर की भाषा में है वैसी बहुत कम लोगों में पाई जाती है।...इस प्रकार यद्यपि कबीर ने कहीं काव्य लिखने की प्रतिज्ञा नहीं की

तथापि उनकी आध्यात्मिक रस की गगरी से छलके हुए रस से काव्य की कटोरी में भी कम रस इकट्ठा नहीं हुआ है।" (पृ. 221-222)

कहने की आवश्यकता नहीं कि उपर्युक्त स्थापनाओं में से प्रत्येक के लिए द्विवेदीजी ने कबीर की रचनाओं से ढेरों उदाहरण दिए हैं और सच पूछिए तो किसी भी अच्छी और विश्वसनीय आलोचना की तरह उनकी शक्ति से उपयुक्त उद्धरण ही हैं।

दरअस्ल इन सभी विशेषताओं का मूलस्रोत है कबीर का असाधारण व्यक्तित्व और इस ग्रन्थ से यह बात तुरन्त स्पष्ट हो जाती है कि उस व्यक्तित्व का ठीक-ठीक उद्घाटन ही द्विवेदीजी का मुख्य लक्ष्य है। और इस कथन में विवाद की गुंजाइश नहीं है कि 'व्यक्तित्व विश्लेषण' शीर्षक बारहवाँ अध्याय 'कबीर' का मेरुदंड है। प्रसंगवश मुझे यह भी कहने में संकोच नहीं है कि कबीर का व्यक्तित्व-विश्लेषण हिन्दी गद्य का गौरव है, जिसे और किसी बात के लिए न सही तो केवल हिन्दी गद्य की शक्ति और सम्भावना का अनुभव करने के लिए भी समय-समय पर पढ़ा जा सकता है। सच तो यह है कि इससे कम प्राणवान और कम व्यंजक गद्य के द्वारा कबीर का व्यक्तित्व खड़ा हो ही नहीं सकता था, लेकिन यह एहसास भी द्विवेदीजी का गद्य पढ़ने के बाद ही होता है।

द्विवेदीजी से पहले कबीर का व्यक्तित्व हिन्दी में एक ऐसे अक्खड़ फकीर का था जो सबको डाँटा-फटकारा करता है और अपढ़ लोगों पर रोब गालिब करने के लिए झूठी गर्वोक्तियाँ करता है तथा कभी-कभी उलटबाँसियाँ बककर लोगों को चौंकाता रहता है। आचार्य शुक्ल ने कबीर को बहुत कुछ ऐसे ही 'झूठे' महात्मा के रूप में पेश किया है। बाबू श्यामसुन्दर दास ने भी 'कबीर ग्रन्थावली' की प्रस्तावना में एकाधिक बार कबीर के 'अक्खड़पन' का जिक्र किया है। द्विवेदीजी ने सबसे पहले कबीर के इस 'अक्खड़पन' के मिथक को ही तोड़ने का प्रयास किया है। इसके लिए कबीर को पूर्ववर्ती सिद्धों और योगियों से अलगाना जरूरी है।

ऊपर-ऊपर से देखने पर कबीर भी सिद्धों और योगियों के समान ही आक्रामक लगते हैं, लेकिन द्विवेदीजी की दृष्टि में, "कबीर के पूर्ववर्ती सिद्ध और योगी लोगों की आक्रमणात्मक उक्तियों में एक प्रकार की हीनभावना

की ग्रन्थि या 'इनफीरियारिटी कॉम्प्लेक्स' पाया जाता है। वे मानो लोमड़ी के खट्टे अंगूरों की प्रतिध्वनि है, मानो चिलम न पा सकनेवालों के आक्रोश हैं। उनमें तर्क है पर लापरवाही नहीं है, आक्रोश है पर मस्ती नहीं है, तीव्रता है पर मृदुता नहीं। [जबकि] कबीरदास के आक्रमणों में भी एक रस है; एक जीवन है।'' (पृ. 172) इसलिए ''अक्खड़ता कबीरदास का सर्वप्रधान गुण नहीं है।'' (पृ. 163) वस्तुतः ''कबीरदास ने यह अक्खड़ता योगियों से विरासत में पाई थी।'' (पृ. 162) इस प्रकार वे अक्खड़ **आदत** से ही थे, **स्वभाव** से तो वे फक्कड़ ही थे। (पृ. 174) कारण, वे मूलतः भक्त थे, योगी नहीं। (पृ. 161) किन्तु उनकी भक्ति भी विशेष प्रकार की थी। ''भक्ति के अतिरेक में उन्होंने कभी अपने को पतित नहीं समझा; क्योंकि उनके दैन्य में भी उनका आत्मविश्वास साथ नहीं छोड़ देता था। उनका मन जिस प्रेम रूपी मदिरा से मतवाला बना हुआ था वह ज्ञान के गुड़ से तैयार की गई थी, इसलिए अन्धश्रद्धा, भावुकता और हिस्टीरिक प्रेमोन्माद का उनमें एकान्त अभाव था।'' (पृ. 176)

कबीर के इस अक्खड़-फक्कड़ व्यक्तित्व की विलक्षणता का समग्रतः निरूपण इन शब्दों में किया गया है : ''कबीर 'ज्ञान के हाथी' पर चढ़े हुए थे, पर 'सहज का दुलीचा' डाले बिना नहीं, भक्ति के मन्दिर में प्रविष्ट हुए थे, पर 'खाला का घर' समझकर नहीं; बाह्याचार का खंडन किया था, पर निरुद्देश्य आक्रमण की मंशा से नहीं; भगवद्विरह की आँच में तपे थे, पर आँखों में आँसू भरकर नहीं; राम को आग्रहपूर्वक पुकारा था, पर बालकोचित मचलन के साथ नहीं—सर्वत्र उन्होंने एकसमता (बैलेंस) रखी थी। केवल कुछ थोड़े से विषयों में वे समता खो गए थे। अकारण सामाजिक उच्च-नीच मर्यादा के समर्थकों को वे कभी क्षमा नहीं कर सके, भगवान के नाम पर पाखंड रखनेवालों को उन्होंने कभी छूट नहीं दी, दूसरों को गुमराह बनानेवालों को उन्होंने कभी तरह देना उचित नहीं समझा। ऐसे अवसरों पर वे उग्र थे, कठोर थे और आक्रामक थे। पर गुमराह लोगों की गलती दिखाने में उन्हें एक तरह का रस मिलता था। व्यंग्य करने में उन्हें जैसे तृप्ति मिलती थी।'' (पृ. 176)

कुल मिलाकर द्विवेदीजी के अविस्मरणीय शब्दों में ''ऐसे थे कबीर।

सिर से पैर तक मस्तमौला; स्वभाव से फक्कड़, आदत से अक्खड़, भक्त के सामने निरीह, भेषधारी के आगे प्रचंड; दिल के साफ, दिमाग के दुरुस्त; भीतर से कोमल, बाहर से कठोर; जन्म से अस्पृश्य, कर्म से वन्दनीय।" (पृ. 174)

कबीर की इस अभूतपूर्व और अभिनव कवि-प्रतिभा को ध्यान से देखें तो स्पष्ट हो जाएगा कि यह द्विवेदीजी के मनोवांछित विद्रोही कवि की अपनी कल्प-सृष्टि है, जिस पर बहुत हद तक चौथे दशक के फक्कड़पन की गहरी छाप है। इस दिशा में सोचने का ठोस आधार यह है कि द्विवेदीजी के 'हिन्दी साहित्य : उसका उद्भव और विकास' (1952) से होकर गुजरने पर सहसा हम एक ऐसे दौर में आते हैं जहाँ एक साथ बहुत से फक्कड़ कवि मिलते हैं—कबीर के बाद पहली बार और अन्तिम बार। कहने की आवश्यकता नहीं कि यह द्विवेदीजी का स्वयं अपना युग है, वह युग जिसमें अपनी पीढ़ी के अन्य लेखकों के साथ उन्होंने साहित्य-सृजन आरम्भ किया। क्या संयोग है कि अपने समकालीनों का परिचय प्रारम्भ करते ही द्विवेदीजी की लेखनी से अदबदाकर प्रायः वही शब्द निकलने लगते हैं, जो कबीर के सन्दर्भ में प्रयुक्त हुए थे। उदाहरण के लिए "छायावादी मूल भावधारा से पृथक् किन्तु विश्वासों में सम्पूर्ण स्वच्छन्दतावादी **फक्कड़** कवि बालकृष्ण शर्मा नवीन की उद्दाम आवेगोंवाली कविताएँ इसी काल में लिखी गईं।...सबकुछ को छोड़कर आगे बढ़ जाने की **घर फूँक मस्ती** से इनकी रचनाएँ आकंठ भरी हुई हैं।" (पृ. 294) नवीन के बाद भगवतीचरण वर्मा आते हैं जिनमें "**मस्ती** है, उल्लास है और अपने आपके प्रति दृढ़ विश्वास है।...वे अनासक्त भोक्ता की भाषा में सुन्दर के सौन्दर्य की महिमा और अपनी **मस्ती** के गान गाते हैं।" (पृ. 295) इसी क्रम में "**मस्ती** और **मौज** के कवि बच्चन हैं...जिनकी कविता में क्षणिक उल्लास की मस्ती का प्रचार देखकर...शुरू-शुरू में 'हालावाद' का नाम दे दिया गया था।" (पृ. 295) अन्त में "**मस्ती** के कवि रामधारी सिंह दिनकर हैं।" किन्तु "कल्पना की ऊँची उड़ान, विसदृश परिस्थितियों को अनुकूल बनाने की उमंग और सामाजिक चेतना की तीव्रता के कारण, दिनकर [अन्य] दो कवियों से एकदम भिन्न श्रेणी के कवि हैं। भगवतीचरण वर्मा और बच्चन में वैयक्तिक चेतना का प्राधान्य है [जबकि] दिनकर की उमंग और मस्ती में सामाजिक मंगलाकांक्षा का प्राधान्य है।" (पृ. 296)

स्वयं हजारीप्रसाद द्विवेदी, यद्यपि, मस्ती के दौरवाले इन कवियों की सूची में अनुपस्थित हैं, फिर भी आज का इतिहासकार निस्संकोच वहाँ उनका नाम जोड़ सकता है। संयोग से उनकी उसी दौर की एक कविता भी सुलभ है जिसका पहला छन्द उल्लेखनीय हैं :

रजनी दिन नित्य चला ही किया मैं अनन्त की गोद में खेला हुआ;
चिरकाल न वास कहीं भी किया किसी आँधी से नित्य धकेला हुआ,
न थका, न रुका, न हटा, न झुका, ***किसी फक्कड़ बाबा का चेला हुआ;***
मद चूता रहा, तन मस्त बना, अलबेला मैं ऐसा अकेला हुआ।

कहने की आवश्यकता नहीं कि इस कविता की सारी पदावली वही है जो किसी न किसी रूप में नवीन, भगवतीचरण वर्मा, बच्चन और दिनकर में मिलती है।

फक्कड़पन का यह नशा उन दिनों द्विवेदीजी पर इस हद तक चढ़ा था कि अप्रत्याशित रूप में **प्रेमचन्द** में भी उन्हें अपना एक समानधर्मा दिखाई पड़ गया। प्रेमचन्द की मृत्यु के तीन वर्ष बाद नवम्बर, 1939 की 'वीणा' में उन्होंने 'प्रेमचन्द का महत्त्व' शीर्षक एक लेख प्रकाशित किया, जिसमें बड़ी आत्मीयता के साथ वे 'गोदान' के एक 'मौजी' चरित्र मेहता का यह कथन उद्धृत करते हैं : 'मैं भूत की चिन्ता नहीं करता, भविष्य की परवा नहीं करता। भविष्य की चिन्ता हमें कायर बना देती है, भूत का भार हमारी कमर तोड़ देता है। हममें जीवनी शक्ति इतनी कम है कि भूत और भविष्य में फैला देने से वह और भी क्षीण हो जाती है। हम व्यर्थ का भार अपने ऊपर लादकर रूढ़ियों और विश्वासों तथा इतिहास के मलबे के नीचे दबे पड़े हैं। उठने का नाम ही नहीं लेते। वह सामर्थ्य ही नहीं रही। जो शक्ति, जो स्फूर्ति मानवधर्म को पूरा करने में लगानी चाहिए थी, सहयोग में, भाईचारे में, वह पुरानी अदावतों का बदला लेने और बाप-दादों का ऋण चुकाने की भेंट हो जाती है।''

प्रेमचन्द के सन्दर्भ में द्विवेदीजी के फक्कड़पन का वह क्रान्तिकारी पहलू प्रकट होता है जिसकी पूर्ण अभिव्यक्ति कबीर की समीक्षा में होती है। प्रेमचन्द का महत्त्व उनकी दृष्टि में क्या था, इसका पता उनकी इस घोषणा से चलता है कि ''वे अपने काल में समस्त उत्तरी भारत के सर्वश्रेष्ठ

साहित्यकार थे।" निश्चय ही यह घोषणा करते समय गुरुदेव रवीन्द्रनाथ ठाकुर भी उनके सामने रहे होंगे; फिर भी यह उल्लेखनीय है कि उस समय शायद ही किसी ने इतने अकुंठ भाव से प्रेमचन्द के महत्त्व को पहचाना है। द्विवेदीजी ही पहले आदमी हैं जिन्होंने हिन्दी जगत को यह बतलाया कि "वास्तव में तुलसीदास और भारतेन्दु हरिश्चन्द्र के बाद प्रेमचन्द के समान सरल और जोरदार हिन्दी किसी ने नहीं लिखी।"

उल्लेखनीय है कि प्रेमचन्द के बारे में लिखते हुए द्विवेदीजी प्रायः उसी शब्दावली का प्रयोग करते हैं जो आगे चलकर कबीर के लिए काम आई, गोया वे प्रेमचन्द के रूप में आधुनिक कबीर की प्रतिमा गढ़ रहे हों। लिखते हैं : "दुनिया की सारी जटिलताओं को समझ सकने के कारण ही वे निरीह थे, सरल थे। धार्मिक ढकोसलों को वे ढोंग समझते थे, पर मनुष्य को वे सबसे बड़ी वस्तु समझते थे। उन्होंने ईश्वर पर कभी विश्वास नहीं किया फिर भी इस युग के साहित्यिकों में मानव की सद्वृत्तियों में जैसा अडिग विश्वास प्रेमचन्द का था वैसा शायद ही किसी और का हो। असल में यह नास्तिकता भी उनके दृढ़ विश्वास का कवच थी। वे बुद्धिवादी थे और मनुष्य की आनन्दिनी वृत्ति पर पूरा विश्वास करते थे। 'गोदान' नामक अपने अन्तिम उपन्यास में अपने एक पात्र के मुँह से मानो वे अपनी ही बात कह रहे हैं– 'जो वह ईश्वर और मोक्ष का चक्कर है इस पर तो मुझे हँसी आती है। यह मोक्ष और उपासना अहंकार की पराकाष्ठा है, जो हमारी मानवता को नष्ट किए डालती है। जहाँ जीवन है, क्रीड़ा है, चहक है, प्रेम है, वहीं ईश्वर है और जीवन को सुखी बनाना ही मोक्ष है और उपासना है। ज्ञानी कहता है, होंठों पर मुस्कराहट न आए, आँखों में आँसू न आए। मैं कहता हूँ अगर तुम हँस नहीं सकते और रो नहीं सकते तो तुम मनुष्य नहीं, पत्थर हो। वह ज्ञान जो मानवता को पीस डाले, ज्ञान नहीं कोल्हू है।' ऐसे थे प्रेमचन्द–जिन्होंने ढोंग को कभी बर्दाश्त नहीं किया, जिन्होंने समाज को सुधारने की बड़ी-बड़ी बातें सुझाई ही नहीं, स्वयं उन्हें व्यवहार में लाए, जो मनसावाचा एक थे, जिनका विनय आत्माभिमान का, संकोच महत्त्व का, निर्धनता निर्भीकता का, एकान्तप्रियता विश्वानुभूति का और निरीह भाव कठोर कर्तव्य का कवच था, जो समाज की जटिलताओं की तह में जाकर उसकी टीमटाम और भभ्भड़पन

का पर्दाफाश करने में आनन्द पाते थे और जो दरिद्र किसान के अन्दर आत्मबल का उद्घाटन करने को अपना श्रेष्ठ कर्तव्य समझते थे, जिन्हें कठिनाइयों से जूझने में मजा आता था और जो तरस खानेवाले पर दया की मुस्कराहट बखेर देते थे; जो ढोंग करनेवाले को कसके व्यंग्य बाण मारते थे और जो निष्कपट मनुष्यों के चेरे हो जाया करते थे।"

यह है प्रेमचन्द का क्रान्तिकारी फक्कड़पन जो उन्हें कबीर से जोड़ता है क्योंकि शायद कबीर से ही वह विरासत में मिला था; पर ध्यान देने की बात तो यह है कि इन दोनों को जोड़नेवाला कौन है? परम्परा के इस अन्तःसूत्र को पहचाननेवाला कौन है?

अब यदि द्विवेदीजी के ललित निबन्धों और उपन्यासों पर दृष्टिपात करें तो फक्कड़पन तथा मस्ती के ढेरों प्रमाण मिलेंगे। "अशोक है कि आज भी उसी **मौज** में है"; "देवदारु के बार-बार कम्पित होते रहने में एक प्रकार की **मस्ती** है"; कुटज वैसे तो **अदना-सा** फूल है पर ऐसा मनस्वी और **मस्त** कि "कठोर पाषाण को भेदकर, पाताल की छाती चीरकर और झंझा-तूफान को रगड़कर जीने का रस खींच लेता है"; कालिदास का दुलारा शिरीष तो ऐसा है कि "जब धरती और आसमान जलते रहते हैं, तब भी यह हजरत न जाने कहाँ से अपना रस खींचते रहते हैं और मौज में आठो याम **मस्त** रहते हैं।" आकस्मिक नहीं कि शिरीष को देखकर द्विवेदीजी को कबीर याद आ जाते हैं और वे बोल उठते हैं : "कबीर बहुत कुछ इसी शिरीष के समान ही थे, मस्त और बेपरवाह, पर सरस और मादक।" और तो और, अपने क्लासिकी संयम के लिए विख्यात कालिदास भी इस प्रसंग में याद आए बिना नहीं रहते और द्विवेदीजी को लगता है, "कालिदास भी जरूर अनासक्त योगी रहे होंगे। शिरीष के फूल फक्कड़ाना मस्ती से ही उपज सकते हैं और मेघदूत का काव्य उसी प्रकार के अनासक्त अनाविल उन्मुक्त हृदय से उमड़ सकता है।" मेघदूत का उल्लेख यों ही नहीं आया है। आगे चलकर 'मेघदूत : एक पुरानी कहानी' के अन्तर्गत 13वें छन्द में 'जलद' शब्द आते ही द्विवेदीजी को 'फक्कड़पन' की व्याख्या के लिए जैसे अवकाश निकल आता है। लिखते हैं : "मेघ यक्षों की उस जाति का नहीं है, जो केवल संचय करना जानते हैं; यह तो उन क्षणजन्मा मानवों की जाति का है, जो केवल लुटाना जानते हैं–

दोनों हाथों से लुटाते हैं, लुटाते हैं, लुटाते हैं! ऐसे **फक्कड़ों** का क्या ठिकाना! अड़े तो अड़ गए, ढले तो ढल गए। मेघ भी उन्हीं मस्तमौला लोगों की टोली का जीव है। किधर चलने को हुए और किधर निकल गए। दुखी कहाँ नहीं हैं, संतप्त किस दिशा में नहीं मिलते? जिसने दुखियों का दुःख दूर करने का व्रत ले रखा हो, उसका कार्यक्रम क्या होगा! ना, मेघ महाशय को रास्ता अवश्य बता देना चाहिए। पता नहीं ये **फक्कड़राम** झूमते-झामते—लस्टम-पस्टम—जब तक अलका पहुँचेंगे तब तक यक्षप्रिया की क्या दुर्दशा हो जाए।'' कहाँ मेघ, कहाँ कालिदास और कहाँ कबीर! कबीर पर तो योग का प्रभाव था ही, कालिदास भी अनासक्त 'योगी' निकल आए!

जब कालिदास का यह हाल हुआ तो घुमक्कड़ बाणभट्ट में तो फक्कड़पन की पूरी गुंजाइश है। सबसे पहले बाण का नामकरण संस्कार। ''ऐसे ही कृती पिता का मैं पुत्र था—जन्म का आवारा, गप्पी, अस्थिरचित्त और घुमक्कड़। मैं घर से जब निकल भागा था, तो अपने साथ गाँव के अन्य छोकरों को भी फोड़ ले गया था। वे सब अन्त तक मेरे साथ नहीं रहे, तो भी मैं गाँव में बदनाम तो हो ही गया था। मगध की बोली में 'बंड' पूँछ-कटे बैल को कहते हैं। वहाँ यह कहावत मशहूर है कि 'बंड' आप आप गए, साथ में नौ हाथ का पगहा भी लेते गए। सो लोग मुझे 'बंड' कहने लगे। इसी को बाद में संस्कृत शब्द 'बाण' द्वारा संस्कार करके मैंने इस नाम की कुछ इज्जत बढ़ा ली। भट्ट तो लोगों ने और बाद में जोड़ा। वैसे मेरा असली नाम दक्ष था।'' कहाँ भोजपुरी 'बंड' और कहाँ संस्कृत 'बाण'! लेकिन जब सर्जनात्मक कल्पना है, गप्प हाँकने का संकल्प तो ध्वनि विज्ञान क्या करेगा? बाण बंड हो गए। 'आत्मकथा' में बाण ने बड़ी व्यथा के साथ स्वीकार किया है कि ''इसी सहानुभूतिमय हृदय ने तो इसे **आवारा** बना दिया है।'' यह 'सहानुभूत हृदय' आवारापन की ही नहीं, फक्कड़पन की भी कुंजी है। बाणभट्ट में मस्ती की यदि कुछ कमी है तो उसकी पूर्ति कवि मित्र धावक (धोई) से हो जाती है, ''जिसकी दुनिया निर्लिप्त मस्ती की दुनिया है। जिस बात से अन्य कवि द्रवित हो जाते हैं उससे भी वह अपनी मस्ती का खाद्य निकाल लेता है'' और जिसका विश्वास है कि ''कवि बिंधता नहीं, बेधा करता है। अपांग बाण से नहीं, व्यंग्य बाण से।'' निर्दयता से पान खाए हुए और पुष्पों से

सुसज्जित कविवर धावक प्रथम दर्शन में ही अपनी छवि से चौथे दशक के किसी लोकप्रिय गीतकार को मात देते नजर आते हैं।

'चारु चन्द्रलेख' के सीदी मौला तो खैर तेरहवीं सदी के एक इतिहास-प्रसिद्ध विद्रोही फक्कड़ चरित्र ही हैं। किन्तु 'पुनर्नवा' में दो-दो फक्कड़ प्रकट होते हैं। एक तो संस्कृत नाटकों के चिरपरिचित विदूषक माढव्य शर्मा हैं जो अधिक जीवन्त रूप पा सके हैं, दूसरे हैं अटट गँवार सुमेर काका जो द्विवेदीजी के अपने और असली फक्कड़ चरित्र हैं : किसानों के सहज ज्ञान से सम्पन्न, साहसी और हर समय मस्त! अन्त में जैसे एक फक्कड़ को नायक बनाकर पूरा उपन्यास लिखने की आकांक्षा का ही फल है 'अनामदास का पोथा।' उपन्यास के अन्त में 'अनामदास की टिप्पणी' से पता चलता है कि "छान्दोग्य में एक से एक फक्कड़ और अक्खड़ विचारक मिलते हैं जो रूढ़ियों के बिलकुल कायल नहीं।" गाड़ीवान रैक्व को सम्भवतः इसी विलक्षणता के कारण नायक के रूप में चुना गया है जो जाने क्यों हर समय अपनी पीठ खुजलाया करता है। रैक्व के फक्कड़पन का इससे बड़ा प्रमाण और क्या होगा कि पहली बार उसने राजा को उपदेश देना अस्वीकार कर दिया और अन्न और सोना का उपहार भी लौटा दिया। लेकिन दूसरी बार जब राजा अपनी सुन्दर कन्या को साथ लेकर फिर गए तो "फक्कड़ ऋषि प्रसन्न हुए और राजा की सुन्दरी कन्या का मुख अपनी ओर उठाकर बोले कि हे शूद्र, इस सुन्दर मुख के कारण तुम मुझे बोलने को बाध्य कर रहे हो।"

कहानी निश्चय ही दिलचस्प है; किन्तु जैसा कि आलोचकों ने लक्षित किया है, उपन्यास में रैक्व का यह फक्कड़ चरित्र एकदम उभर नहीं सका है; एक प्रकार का बालसुलभ भोलापन तो दिखता है, किन्तु न वह फक्कड़पन है, न अक्खड़पन। यही नहीं बल्कि रैक्व को दीक्षागुरु औषस्ति भी छान्दोग्य के अपने मूल चरित्र को खो बैठते हैं, जिसके लिए अन्त में अनामदास को अपनी टिप्पणी में लिखना पड़ा कि "औषस्तिपाद के प्रसंग में फक्कड़ और अक्खड़ उषस्ति की कोई भी चर्चा न होना कुछ समझ में न आनेवाली बात है।"

फिर भी द्विवेदीजी ने 'अनामदास का पोथा' में इस अभाव की पूर्ति

एक दूसरे चरित्र की अवतारणा से करने की कोशिश की है। उपन्यास समाप्त होते-होते सहसा एक जटिल मुनि प्रकट हो जाते हैं जो वस्तुतः किसी उपनिषद्‌कालीन ऋषि या मुनि की अपेक्षा मध्ययुग के किसी शूद्रजातीय सन्त के प्रतिरूप प्रतीत होते हैं। रैक्व को बताया गया कि ये महात्मा सब तरह से विचित्र हैं। ब्राह्मण नहीं हैं, क्योंकि ब्रह्म या वेद किसी के कायल नहीं हैं। ये अपने को अनेकान्तवादी बताते हैं। कहते हैं, हर आदमी का सत्य अपना और निजी होता है। किसी के भी बताए मार्ग पर आँख मूँदकर नहीं चला जा सकता है। हर व्यक्ति का अपना सत्य है, उसी की खोज करनी चाहिए। वे अपने श्रम से उत्पन्न अन्न ही ग्रहण करते हैं, किसी का दिया कुछ नहीं लेते। रैक्व जब उनसे मिले तो वे घास छील रहे थे। सहायता की प्रार्थना की गई तो पास में पड़े पत्थर के क्षुरप्र (खुरपा) की ओर इशारा करके बोले कि बदले में मेरे लिए थोड़ी घास छील देनी होगी। तेज ऐसा कि रैक्व की ओर देखा तो लगा कि, "कोई भयंकर उल्का उनकी ओर बढ़ी चली आ रही है।" लेकिन फिर "ऐसा हँसे जैसे कोई आँधी सनसनाकर बढ़ती चली आ रही हो।" फिर भी कुल मिलाकर जटिल वे बाहर से ही हैं, भीतर से एकदम सरल बच्चों जैसे।

इनसे पहले 'अनामदास का पोथा' में एक और साधु आते हैं, जिनसे जाबाला के गुरु आचार्य औदुम्बरायण की भेंट होती है। वे भी यज्ञ के विरोधी हैं, ब्राह्मणों के विरोधी हैं, देवताओं के विरोधी हैं, यहाँ तक कि एकान्त के तप और मनन के भी विरोधी हैं। आचार्य ने जब उन्हें देखा तो महात्मा प्रायः निर्वस्त्र थे। उनमें एक विचित्र प्रकार का तेज था। ऐसा लगता था किसी बिल के द्वार पर मणिधर सर्प ने अपनी मणि उतारकर रख दी है। शरीर उनका काला था, नाक चिपटी, कान बड़े-बड़े चौड़े और ललाट सपाट। उनके निकट जो स्त्री-पुरुष बैठे थे वे प्रायः छोटी जाति के लोग थे। सामने आग की धूनी जलाए बैठे थे, उनका सारा शरीर इस धूनी की भस्म से पुता हुआ था। पास में एक ताँबे का चिमटा था और एक मिट्टी का टोंटीदार पात्र भी। आचार्य के साथ जिस अक्खड़पन से पेश आए, वह भगा देने के लिए काफी था। अन्ततः पसीजे। लगा, भीतर काफी करुण और कोमलता है। फिर भी जटिल मुनि का-सा फक्कड़पन यहाँ नहीं है।

क्या यह आकस्मिक है कि 'अनामदास का पोथा' के ये दोनों फक्कड़ और अक्खड़ साधु छोटी जातियों से सम्बद्ध हैं और धर्म-कर्म में ब्राह्मण-विरोधी हैं?

'मेरी जन्मभूमि' शीर्षक लेख में द्विवेदीजी ने अपने इलाके के निवासियों के फक्कड़ स्वभाव की चर्चा की है। द्वाबा का यह वह मध्यवर्ती भूभाग है जिसे गंगा और सरयू जैसी दो महानदियों का कोप बराबर सहते रहना पड़ा है। "इस भूभाग का इतिहास ही निरन्तर बनते और मिटते रहने का है। एक अजीब प्रकार की मस्ती और निर्भयता इन लोगों के चेहरों पर दीखती है।" क्या इस मस्ती और निर्भीकता का स्रोत विपत्ति के इन थपेड़ों में तो नहीं?

बहरहाल अब यदि अशोक, शिरीष, देवदारु, कुटज आदि मस्ती में झूमते फूलों और बाणभट्ट, धावक, सीदी मौला, माढव्य, सुमेर काका, रैक्व, जटिल मुनि आदि फक्कड़ चरित्रों के आलोक में कबीर को देखें तो सन्देह की गुंजाइश नहीं रह जाती कि 'कबीर' भी द्विवेदीजी की अन्य कल्प-सृष्टियों की ही शृंखला में एक कड़ी हैं—निश्चय ही आलोचना क्षेत्र की एक विशिष्ट कल्प-सृष्टि! इस आलोचनात्मक कल्प-सृष्टि का मूल्य उसकी 'प्रामाणिकता' से अधिक अपने रचनाकाल की तात्कालिक प्रासंगिकता में है।

वस्तुतः बीसवीं सदी के चौथे दशक में विद्रोह फक्कड़पन के ही किसी-न-किसी रूप को लेकर साहित्य में प्रकट हुआ था। इसका एक रूप निराला के 'कुकुरमुत्ता' (1940) के बड़बोलेपन में है तो दूसरा रूप राहुल सांकृत्यायन की 'बोल्गा से गंगा' (1942) नामक कथाकृति में है जो भारतीय इतिहास की धक्केमार क्रान्तिकारी व्याख्या प्रस्तुत करती है। इसके साथ ही राहुलजी के घुमक्कड़पन की कहानियों का भी इससे कुछ नाता-रिश्ता है। आकस्मिक नहीं है कि इस काल के अनेक उपन्यासों के नायक घर-परिवार से मुक्त क्रान्तिकारी थे। नवीन ने जब यह गाया था कि 'ठाठ फकीराना है अपना, बाघम्बर सोहे अपने तन/हम अनिकेतन, हम अनिकेतन' तो वे उस दौर के मिजाज को ही व्यक्त कर रहे थे। इतिहासकारों के अनुसार यह काल घोर उथल-पुथल और मन्थन का काल था। गांधी-युग के आदर्शवाद का ढाँचा जीवन के हर क्षेत्र में चरमरा उठा था। अनेक राजनीतिक और नैतिक

आदर्श सन्दिग्ध हो उठे थे। यह वही काल है जब मार्क्स और फ्रायड दोनों के विचार एक साथ भारत के शिक्षित मध्यवर्ग को प्रभावित और आन्दोलित कर रहे थे। दूसरे महायुद्ध के कारण सामान्य जीवन के आर्थिक पक्ष पर जो प्रभाव पड़ा था उससे असुरक्षा की भावना और ज्यादा बढ़ी थी। हिन्दू-मुस्लिम एकता की समस्या भी स्वाधीनता-संग्राम के सन्दर्भ में अत्यन्त उग्र हो उठी थी। बच्चन की 'मधुशाला' का यह समाधान उस दौर के फक्कड़पन की ही उपज था : "बैर बढ़ाते मन्दिर-मस्जिद मेल कराती मधुशाला।" और "सौ सुधारकों का करती है काम अकेली मधुशाला।"

इस दौर के विद्रोह को यदि अपने अतीत से कोई नैतिक समर्थन मिल सकता था तो केवल कबीर से। जिस तरह व्यक्तिगत और सामाजिक पाखंड के प्रत्येक रूप के विरुद्ध आक्रोश इस दौर में था उसकी प्रतिध्वनि कबीर में ही सुनी जा सकती थी। किन्तु कुल मिलाकर यह विद्रोह **भावात्मक** और **साहित्यिक** ही था। विद्रोही कवि और लेखक इस मामले में पूरी तरह सतर्क थे कि उन्हें समाज-सुधारक समझने का भ्रम न हो। उन्नीसवीं सदी के समाज-सुधारकों की उपदेशात्मक भंगिमा और भाषा से इस दौर के साहित्य का तेवर साफ अलगाया जा सकता है। अलगाव के लिए उपदेश की शुष्कता से बचना आवश्यक था। फक्कड़पन का बाना शायद इसी आवश्यकता की उपज था।

आकस्मिक नहीं है कि द्विवेदीजी ने कबीर के समाज-सुधारक रूप का खंडन बड़ी दृढ़ता से किया। शुक्लजी ने अपने 'इतिहास' में एक तरह से इस बात का समर्थन किया था कि, "पाश्चात्यों ने इन्हें (कबीर आदि निर्गुणिया सन्तों को) जो 'धर्म सुधारक' की उपाधि दी है" वह उचित ही है। (पृ. 71) द्विवेदीजी ने सम्भवतः इसी बात को ध्यान में रखते हुए लिखा कि, "जो लोग कबीरदास को हिन्दू-मुस्लिम धर्मों का सर्व-धर्म समन्वयकारी सुधारक मानते हैं वे क्या चाहते हैं; ठीक समझ में नहीं आता। कबीर का रास्ता बहुत साफ था। वे दोनों को शिरसा स्वीकार कर समन्वय करनेवाले नहीं थे। समस्त बाह्याचारों के जंजालों और संस्कारों को विध्वंस करनेवाले **क्रान्तिकारी** थे। समझौता उनका रास्ता नहीं था। इतने बड़े जंजाल को नाहीं कर सकने की क्षमता मामूली आदमी में नहीं हो सकती।" (पृ. 192)

सारांश यह कि द्विवेदीजी की दृष्टि में कबीर 'सुधारक' नहीं, बल्कि एक 'क्रान्तिकारी' थे। अपनी बात को और स्पष्ट करते हुए वे एक सिद्धान्त के रूप में आगे यह जोड़ते हैं कि, "सबकी विशेषताओं को रखकर मानव-मिलन की साधारण भूमिका नहीं तैयार की जा सकती। जातिगत, कुलगत, धर्मगत, संस्कारगत, विश्वासगत, शास्त्रगत, सम्प्रदायगत बहुतेरी विशेषताओं के जाल को छिन्न करके ही वह आसन तैयार किया जा सकता है जहाँ एक मनुष्य दूसरे से मनुष्य की हैसियत से ही मिलें।" (पृ. 193)

स्पष्टतः यह क्रान्तिकारी दृष्टिकोण है, जिसमें गांधीवादी 'सार-संग्रह' और 'समन्वय' के सुधारवादी कार्यक्रम का विरोध निहित है। भारतीय साहित्य की यह दूसरी परम्परा है, जो काल प्रवाह में भले ही गौण हो गई हो किन्तु क्रान्तिकारी परम्परा यही है; और द्विवेदीजी ने 'कबीर' के माध्यम से उस क्रान्तिकारी परम्परा को पुनः उद्‌भासित करके ऐतिहासिक कार्य किया है।

निस्सन्देह कबीर के क्रान्तिकारी रूप को पहचानने में उनके समकालीनों से भी कोई भूल नहीं हुई थी, जिसका प्रमाण है नाभादास के 'भक्तमाल' का वह प्रसिद्ध छप्पय : 'कबीर कानि राखी नहीं वर्णाश्रम षटदरसनी' इत्यादि। महिमा तो नाभादास ने सभी सन्तों की बखानी, किन्तु 'मुख देखी नाहिन भनी' कबीर के सिवा किसी और के लिए नहीं कहा। नाभादास के बाद कबीर के उस क्रान्तिकारी रूप को बीसवीं सदी में हजारीप्रसाद द्विवेदी ने ही पहली बार पहचाना। जरूरी नहीं कि 'फक्कड़पन' ही क्रान्ति की पहचान हो, किन्तु इसके साथ यह भी तय है कि चिलम न पाकर आक्रोश व्यक्त करनेवालों का 'अक्खड़पन' क्रान्ति नहीं है। आज का युग अपने कबीर की प्रतिमा स्वयं गढ़ेगा, लेकिन उससे द्विवेदीजी के कबीर की प्रतिमा धूमिल न होगी क्योंकि उसमें एक क्रान्तिकारी परम्परा की पहचान से उत्पन्न कालजयी क्रान्ति है।

आज के राजनीति-प्रधान युग में यदि द्विवेदीजी के कबीर की क्रान्तिकारिता में शंका होगी तो इस कारण कि उन्होंने अपने जमाने की राजसत्ता को कोई चुनौती नहीं दी। यह सही है कि द्विवेदीजी ने अपनी पुस्तक में उस किंवदन्ती का जिक्र नहीं किया है जिसके अनुसार कबीर को

सिकन्दर लोदी के कोप के कारण काशी छोड़ना पड़ा था। किन्तु उस किंवदन्ती की प्रामाणिकता पर प्रायः अधिकांश विद्वानों ने सन्देह प्रकट किया है। वैसे, यह विचारणीय है कि प्रायः सभी प्रमुख भक्तों के बारे में इस प्रकार की किंवदन्तियाँ प्रचलित हैं। उदाहरण के लिए तुलसीदास के विषय में यह किंवदन्ती है कि अकबर ने मिलने के लिए बुलाया, पर बाबा नहीं गए। नाराज होकर बादशाह ने उन्हें कैद करवा लिया। इस पर हनुमानजी की बन्दर सेना ने इतना उपद्रव किया कि तुलसीदास को रिहा करने का हुक्म देना पड़ा। सन्तों के बारे में ये किंवदन्तियाँ कब बनीं और इनके पीछे कौन-सी मनोवृत्ति थी, इस पर शोध की आवश्यकता है।

इधर कुछ उत्साहपरायण पंडित तुलसीदास-जैसे भक्तों की रचनाओं से दो-चार पंक्तियाँ निकालकर यह साबित करने की कोशिश करते पाए जाते हैं कि तुलसीदास अपने जमाने की राजसत्ता के विरोधी थे। ये प्रयास वस्तुतः उन किंवदन्तियों की ही परम्परा में आते हैं। ये प्रयास मध्ययुगीन सन्तों और भक्तों के मुख्य कथ्य के प्रति अपनी अवज्ञा सूचित करने के साथ ही मध्ययुगीन भारतीय समाज के मुख्य अन्तर्विरोध के प्रति भी घोर अज्ञान की सूचना देते हैं। राजसत्ता भक्तों के लिए सर्वथा उपेक्षा की वस्तु थी–उसके प्रति भक्तों के मन में न तो किसी प्रकार की भक्ति का भाव था न विरोध था। यह आवश्यक भी न था। क्योंकि साधारण जनता के जिन दुखों से भक्त कवि दुखी थे उनका सीधा सम्बन्ध आगरा या दिल्ली के तख्त पर बैठे बादशाह से उतना न था, जितना अपने गाँव के उस समाज से जिसका नियमन जातिधर्म के परम्परागत नियमों से होता था तथा जिसमें राजसत्ता के स्थानीय प्रतिनिधि गाँव के मालिकों के सहयोग से दमनकारी भूमिका निभाते थे। इस ग्रामीण व्यवस्था में, जहाँ परम्परागत जातिधर्म जीवन के समस्त क्रियाकलापों का नियामक था, सरकार की हैसियत एक बाहरी लुटेरे से अधिक न थी, जिसे बहुत कुछ अनावश्यक या फालतू मानकर भी काम चलाया जा सकता था। ऐसी स्थिति में सरकार का विरोध विशेष अर्थ नहीं रखता। मुख्य शत्रु जबकि अपने अन्दर ही हो तो विरोध का लक्ष्य स्वभावतः वहीं होगा और चूँकि यह जातिव्यवस्था धार्मिक विधि-विधानों के रूप में ही समाज का नियमन करती रही है, इसलिए दलित जातियों का असन्तोष और

आक्रोश भी प्रायः धर्म के ही रूप में प्रकट होता रहा है। इतने असन्तोष और आक्रोश के बाद भी यदि यह जातिव्यवस्था इतने दीर्घकाल तक बनी रही तो इसका कारण यह है कि इसके अन्दर हर विद्रोह को अन्तर्भुक्त करने की क्षमता रही है; एक साथ ही यह इतनी कठोर और इतनी लचीली रही है कि इसे चुनौती देनेवाले धार्मिक आन्दोलनों के अनुयायी भी अन्ततः एक जाति बनाकर इसकी एक इकाई के रूप में अन्तर्भुक्त हो गए।

इस जाति-व्यवस्था के शिकार व्यक्ति जिस प्रकार अपनी अधोगति को स्वेच्छा से स्वीकार करते हैं और जिसमें न तो क्रोध का कोई निश्चित लक्ष्य दृष्टिगत होता है, न दुर्गति के लिए उत्तरदायी किसी निश्चित बिन्दु का पता चलता है, उसे देखकर यदि बैरिंगटन मूर जैसा समाजशास्त्री यह कहे कि किसी पाश्चात्य व्यक्ति को वह काफ्का के संसार का प्रचंड व्यंग्यचित्र प्रतीत होता है, तो कोई आश्चर्य नहीं!

कबीर जैसे सन्त का विरोध सम्भवतः इसी सामन्ती-पुरोहिती दमन के चक्र से था, जिसमें जनसाधारण हिन्दू-मुसलमान दोनों ही पिस रहे थे। यह दमन चक्र किसी राजनीतिक अत्याचार से कितना अधिक कठोर और अमानुषिक है, इसे आज स्वाधीन भारत के किसी क्रान्तिकारी को बतलाने की जरूरत नहीं है। इसलिए यदि कबीर ने अपने जमाने के किसी सुलतान को छोड़कर सामन्ती-पुरोहिती शक्तियों के खिलाफ आवाज उठाई तो सिर्फ इसी कारण उनकी क्रान्तिकारिता कम नहीं हो जाती। इसलिए द्विवेदीजी के कबीर पर उँगली उठाने से पहले आज के क्रान्तिकारियों को अपने गरेबाँ में हाथ डालकर देखना चाहिए।

'प्रेमा पुमर्थो महान्'

हजारीप्रसाद द्विवेदी का पहला प्रकाशित लेख है 'वैष्णव कवियों की रूपोपासना' (1933) और पहली प्रकाशित पुस्तक 'सूर साहित्य' (1936)। बीस वर्ष बाद उन दिनों को याद करते हुए उन्होंने लिखा था कि उन दिनों इस महान भक्त की कविता का नशा था। (*सूर साहित्य,* द्वितीय संस्करण, निवेदन, 1955) वैसा नशा फिर भले ही न हुआ हो, लेकिन बाद की रचनाएँ बतलाती हैं कि उसका असर कभी गया नहीं। शायद इसलिए कि वह प्रथम प्रेम था। इस कृष्ण भक्ति में उन्हें एक नया मन्त्र मिला था–प्रेम सबसे बड़ा पुरुषार्थ है : प्रेमा पुमर्थो महान्। इस मन्त्र का प्रभाव था एक नया जन्म! इस मन्त्र को पाकर स्वयं सूरदास एक अन्धे भिखारी से ऊपर उठकर सूरदास हो गए–सूर शूर हो गए थे।

'चौरासी वैष्णवों की वार्ता' तो बहुतों ने पढ़ी और वल्लभाचार्य से सूरदास के मिलन का उल्लेख भी किया; किन्तु द्विवेदीजी के लिए वह घटना इतनी महत्त्वपूर्ण थी कि उसका उल्लेख उन्होंने अनेक बार किया है और बहुत रस लेकर किया

है। उन्हें उस घटना में विशेष अर्थ मिला। महाप्रभु ने जब सूरदास को कुछ सुनाने का आदेश दिया, तो उन्होंने गाया : 'प्रभु हौं सब पतितन कौ नायक' और 'प्रभु हौं सब पतितन कौ टीकौ।' प्रभु ने दो ही भजन सुने और फिर डाँटकर कहा–"सूर ह्वै कै ऐसो घिघियात काहे को हौ, कछु भगवत् लीला वर्णन करि।" इस पर सूर ने अपना अज्ञान बताया तब महाप्रभु ने उपदेश किया। सूरदास को ज्ञानोदय हुआ और उन्होंने यह पद गाया : 'चकई री चल चरन सरोवर जहाँ न प्रेम वियोग।' आचार्य सन्तुष्ट हुए। बाद को सूरदास ने यह पद सुनाया 'ब्रज भयौ महर के पूत जब यह बात सुनी।' यह 'सूर सागर' की शुरुआत थी। कहने की आवश्यकता नहीं कि यह पद ब्रज में 'महर' के पूत–कृष्ण के ही होने की सूचना नहीं है–उनके भक्त सूरदास के भी जन्म का उद्घोष है?

क्या इस वार्ता में स्वयं हजारीप्रसाद द्विवेदी के नए जन्म की आत्मकथा निहित नहीं है? शान्तिनिकेतन आने पर रवीन्द्रनाथ से मिलने की घटना का जिक्र करते हुए अपने संस्मरणों में द्विवेदीजी ने एक जगह भाव-विह्वल भाषा में लिखा है : "उनके पास जाने से बराबर यह अनुभव होता था कि मैं छिन्नवृन्त तूलखंड की भाँति व्यर्थ ही इधर-उधर मारे-मारे फिरने के लिए नहीं बना हूँ।" (*मृत्युंजय रवीन्द्र*, पृ. 7)

याद करें तो यह 'छिन्नवृन्त तूलखंड' सूरदास का 'जहाज का पंछी' ही है जिसके भटकने की पीड़ा ही उसके परम आश्रय का अर्थ-सन्दर्भ है। अपने अन्तिम दिनों के लिखे एक लेख 'यह अन्धा गायक कौन था?' (1978) में द्विवेदीजी ने इस भटकने की पीड़ा का बड़ा ही मार्मिक चित्र खींचा है। लिखते हैं : "यह अन्धा मनुष्य जो महाप्रभु वल्लभाचार्य की शरण में गया था, जो अपने को 'सब पतितन कौ टीकौ', 'जनमत ही कौ पातकी' बताकर व्याकुल वेदना से 'घिघिया' उठा था (स्वयं महाप्रभु ने ही इस शब्द का प्रयोग किया था) और अपने को भगवत्लीला के विषय में अनजान बताया था, वह कौन था? वह किन अवस्थाओं में अन्धा हुआ था, कहाँ-कहाँ भटकता हुआ गऊघाट पहुँचा था; कितना अपमान, कितनी अवहेलना, कितना तिरस्कार पा चुका था, इसका कुछ भी पता नहीं है। किस बड़भागी माता-पिता ने उसे जन्म दिया था, किन निदारुण परिस्थितियों में उनका यह लला दर-दर

भटकने को मजबूर हुआ था, कोई नहीं जानता। किसी ने जानने की परवा भी नहीं की। जिसका दृढ़ विश्वास हो गया था कि मैं 'जनमत ही कौ पतित' हूँ, 'सब पतितन कौ नायक' हूँ, वह कितना उपेक्षित हो चुका होगा, कितना अपमानित जीवन बिता चुका होगा, किन असहाय परिस्थितियों में जीने की दुर्वार लालसा ने उसे भरमने-भटकने को विवश किया होगा–हमें बिलकुल नहीं मालूम। अलौकिक चमत्कारों के विश्वासी हमारे इस देश के लोगों ने मान लिया कि वह तो जन्मान्ध होकर दिव्यदृष्टिसम्पन्न था, या फिर उसने अपनी आँखों को कुमार्ग में प्रवृत्त होते देख स्वयं फोड़ लिया था, या पूर्वजन्म के अभिशाप और वरदान की आँखमिचौनी के कारण इस जन्म में अन्धा होकर भी दिव्यदृष्टि पाकर नित्यलीला विहार का साक्षी बना रहा, इत्यादि-इत्यादि। उसे कभी कोई कष्ट नहीं हुआ, दुःख नहीं हुआ, जलती रेत में पटकी हुई मछली की भाँति कभी छटपटाया नहीं, हाहाकार की झंझा उसके हृदय को कभी विकल वेदना से झटका नहीं दे गई–सब प्रकार से सन्तुष्ट, सब प्रकार से विगतशंक, दिव्यदृष्टि-सम्पन्न लोकोत्तर पुरुष! परन्तु भरमा वह अवश्य था। सारे कष्टों की कहानी अब मालूम नहीं, पर उसे भटकना अवश्य पड़ा था।'' (*ग्रन्थावली,* 4/161)

जिस अनुभूति के साथ सूरदास के भरमने और भटकने की पीड़ा का वर्णन किया गया है, वह केवल सूरदास तक ही सीमित नहीं लगती। जो हो, कृष्ण की भक्ति का महत्त्व इस भटकन की पीड़ा से त्राण में है। जो अपने आपको पतित समझने के लिए विवश किए गए थे वे भक्तवत्सल कृष्ण की शरण में आकर इस पाप-बोध से मुक्त हुए और उनमें आत्मगौरव का संचार हुआ। 'बाणभट्ट की आत्मकथा' में जब बाणभट्ट पहली बार नारायण-भक्त सुचरिता से उसकी कुटिया में मिलते हैं तो सुचरिता यही कहती है : ''मानव देह केवल दंड भोगने के लिए नहीं बनी है, आर्य! यह विधाता की सर्वोत्तम सृष्टि है। यह नारायण का पवित्र मन्दिर है। पहले इस बात को समझ गई होती, तो इतना परिताप नहीं भोगना पड़ता। गुरु ने मुझे अब यह रहस्य समझा दिया है। मैं जिसे अपने जीवन का सबसे बड़ा कलुष समझती थी, वही मेरा सबसे बड़ा सत्य है। क्यों नहीं मनुष्य अपने सत्य को देवता समझ लेता आर्य?'' (*आवृत्ति बारहवीं,* 1979, पृ. 182)

सुचरिता को इस सत्य का साक्षात्कार तब हुआ जब उसमें अपने समस्त कर्मों को नारायण को समर्पित कर देने का भाव आया। तभी तो वह बाणभट्ट से कहती है : "मन क्यों नहीं समझ पाता आर्य, कि वह किसी कार्य का उत्तरदायी नहीं है? वासुदेव के रहते इतना वृथा सोच क्यों करता है वह?" (*वही,* पृ. 183)

जो बात इतने सीधे सहज शब्दों में सुचरिता ने कही है, वही तो वल्लभाचार्य का आदेश था। आचार्य के 'अणुभाष्य' का कथन है : "कर्म दुःख रूप तब होता है जब वह अभिमानपूर्वक किया जाता है कि 'मैं कर रहा हूँ।' ब्रह्मविद् जो कर्म करता है वह अपने को कर्त्ता मानकर नहीं, ब्रह्म को असली कर्त्ता मानकर। इस प्रकार उसके सारे कर्म ब्रह्म को अर्पित हो जाते हैं। जिस प्रकार जगत के सारे व्यापारों को वह ब्रह्म-प्रयत्न के रूप में देखता है वैसे ही अपने कर्मों को भी। सब कुछ करता हुआ भी वह समझता है कि मैं कुछ नहीं कर रहा हूँ। इस प्रकार व्यक्तिगत सत्ता का लोकसत्ता में लय हो जाने से प्रिय-अप्रिय की परिमित भावना का परिहार हो जाता है। इस दशा को प्राप्त जीव कर्त्ता और भोक्ता होकर भी दुःख से परे रहता है।"

मध्ययुग में इस दिव्य दर्शन ने दुःखी प्राणी को कितनी राहत दी होगी, इसका अनुमान करना कठिन नहीं है। फिर भी यह प्रश्न तो रहता ही है कि मनुष्य में पाप-बोध क्यों जगता है? द्विवेदीजी ने 'बाणभट्ट की आत्मकथा' में यह प्रश्न उठाया है और इसके उत्तर की ओर भी संकेत किया है। 'आत्मकथा' में बाणभट्ट कहते हैं : "निपुणिका ने कल कहा था कि मेरी ही शपथ करके तुम सत्य-सत्य कहो आर्य, मेरा कौन-सा ऐसा पाप-चरित्र है जिसके कारण मैं आजीवन दुख की निदारुण भट्टी में जलती रही, क्या स्त्री होना ही मेरे अनर्थों की जड़ नहीं है? इन शब्दों में कितना मर्मान्तक दुख है यह मैं ही जानता हूँ। निपुणिका में इतने गुण हैं कि वह समाज और परिवार की पूजा का पात्र हो सकती थी, पर हुई नहीं। इतने दिनों से साथ हूँ, उसके चरित्र में मैंने कहीं कोई कलुष नहीं देखा। वह हँसमुख है, कृतज्ञ है, मोहिनी है, लीलावती है—ये क्या दोष हैं? मेरा चित्त कहता है कि दोष किसी और वस्तु में है, जो इन सारे सद्गुणों को दुर्गुण कहकर व्याख्या करा देती है। वह वस्तु क्या है? निश्चय ही कोई बड़ा असत्य समाज में सत्य के

नाम पर घर बना बैठा है।" (*वही*, पृ. 243) इसी प्रसंग में द्विवेदीजी का बाणभट्ट अन्यत्र कहता है कि "मनुष्य के सामाजिक सम्बन्धों की जड़ में ही कहीं कोई बहुत बड़ा दोष रह गया है।" (*वही*, पृ. 242)

बाणभट्ट जिस सामाजिक दोष की ओर केवल संकेत करके रह जाता है, उसे बाबा अघोर भैरव बहुत पहले अपनी दो-टूक साफ भाषा में उससे कह चुके थे। बाबा ने कहा था : "देख रे! तेरे शास्त्र तुझे धोखा देते हैं। जो तेरे भीतर सत्य है, उसे दबाने को कहते हैं, जो तेरे भीतर मोहन है, उसे भुलाने को कहते हैं; जिसे तू पूजता है उसे छोड़ने को कहते हैं। मायाविनी है यह मायाविनी, तू इसके जाल में न फँस। समस्त पुरुषों को भरमा रही है, स्त्रियों को सता रही है, माथा का दर्पण पसारे है। तू उसे नहीं देखता, मैं देख रहा हूँ।" (*वही*, पृ. 77)

मध्ययुगीन समाज के सन्दर्भ में यह 'माया दर्पण' सामन्ती-पुरोहिती व्यवस्था है जिसके शस्त्र के रूप में शास्त्रों ने पाप-पुण्य के कठोर नियम बनाए और इस तरह पाप के भय से मनुष्य को बन्दी बनाए रखा। 'सूर साहित्य' में द्विवेदीजी ने सप्रमाण दिखलाया है कि मध्यकाल के आरम्भ में किस प्रकार बड़े-बड़े निबन्ध-ग्रन्थों और टीका-ग्रन्थों की रचना हुई, जिनका एकमात्र प्रयोजन था "मनुष्य की दुर्बलता को दबाने के लिए कठोर-से-कठोर विधि-व्यवस्था का आयोजन।" इस प्रसंग में द्विवेदीजी ने यह भी लिखा है कि इस प्रयास में टीका युग के पंडित असफल रहे। इनकी तुलना में सूरदास जैसे महापुरुष कहीं अधिक सफल रहे क्योंकि "महापुरुषों की विशेषता यह है कि वे मनुष्य की दुर्बलता को पहचानते हैं और इन्हीं दुर्बलताओं को, उसकी रक्षा के लिए उपयुक्त प्रहरी बना देते हैं।" यह सब किस प्रकार सम्भव होता है, इसकी व्याख्या करते हुए आगे वे कहते हैं : "ये दुर्बलताएँ हैं क्या चीज? नरकमय, दंड, अभिशाप आदि के नाम पर मानव जाति के कल्याणकामी शास्त्रकारों ने विधि-निषेध की सीमाएँ निर्धारित कर दी हैं। परन्तु जिस प्रकार हवा बाँधने से नहीं रुकती, उसी प्रकार मनुष्य की प्रकृति भी बन्धन से नहीं बँधती। एक तरफ बाँधने से वह दूसरी ओर निकल पड़ती है—भयानक वेग से। यह दूसरी ओर निकली हुई प्रवृत्तियाँ मनुष्य की दुर्बलताएँ हैं। जिन दिनों टीका युग के विद्वान 'तथा हि' और 'अपि च' की

धुआँधार वर्षा के साथ शास्त्रों का आदेश मानव समाज पर लाद रहे थे उन्हीं दिनों :

जोबन-मद जन-मद मादक-मद धन-मद विध-मद भारी।
काम-विवश परनारि भजत दुइ पंचसरहिं फिरि भारी॥

सूरदास आदि सन्त कवियों ने इसी विरुद्धगामी प्रवृत्ति को भगवान की ओर कर देने की चेष्टा की और आश्चर्यजनक सफलता पाई।" (*सूर साहित्य*, पृ. 77-78)

यदि इस कथन को फ्रायडीय भाषा के खोल से हटाकर धर्मशास्त्रों के ठोस ऐतिहासिक सन्दर्भ में देखें तो स्पष्ट हो जाएगा कि मानवीय प्रवृत्तियों का दमन सामन्ती दमन का ही एक अंग है। अमानवीकरण की यह प्रक्रिया शासक वर्गों के दमन का प्रमुख अस्त्र रही है। सामन्ती युग में इस दमन-कार्य के लिए शासक वर्ग धर्म का सहारा लेता था और, आधुनिक पूँजीवादी युग में धर्म के अतिरिक्त वैज्ञानिक-तार्किक-व्यावहारिक नीतिशास्त्र का भी। इस दिशा में स्वयं मार्क्स ने तो संकेत किया ही है, हर्बर्ट मार्कुजे ने इस दमन की व्याख्या के लिए 'इरोस एंड सिविलिज़ेशन' नामक पूरी पुस्तक ही लिखी है। कहने की आवश्यकता नहीं कि हिन्दी में सूरदास आदि का भक्तिकाव्य इस सामन्ती दमन के विरुद्ध मानवीय विद्रोह था।

द्विवेदीजी ने 'सूर-साहित्य' में प्रवृत्तियों के दमन का जो विरोध किया है उसकी अनुगूँज आगे चलकर 'बाणभट्ट की आत्मकथा' में भी सुनाई पड़ती है। बाणभट्ट बाबा अघोर भैरव के एतद्विषयक उपदेश का सार अपने ढंग से निउनिया को समझाते हुए कहते हैं कि "प्रवृत्तियों को दबाना भी नहीं चाहिए और उनसे दबना भी नहीं चाहिए। प्रत्येक व्यक्ति का देवता अलग होता है। देवता का परिचय शायद प्रवृत्तियाँ ही कराती हैं। हम बहुत बार अपने देवता को मन-ही-मन पूजते तो रहते हैं, पर हमें पता नहीं होता।" (पृ. 90) बाबा की एक बात बाणभट्ट दबा गए कि "त्रिभुवन मोहिनी ने जिस रूप में तुझे मोह लिया है, उसी रूप की पूजा कर, वही तेरा देवता है।" (पृ. 86)

प्रेमभक्ति की चर्चा में 'बाणभट्ट की आत्मकथा' की सहायता लेने पर शायद आपत्ति की जा सकती है। इसलिए स्पष्टीकरण के लिए भट्टिनी की

इस घोषणा का उल्लेख आवश्यक है कि "मुझे भागवत धर्म में यह पूर्णता दिखाई देती है।" (पृ. 259) इसके अतिरिक्त यह अकारण नहीं है कि इस कथाकृति के सभी प्रमुख चरित्र–निपुणिका, भट्टिनी, सुचरिता यहाँ तक कि स्वयं बाणभट्ट भी या तो महावराह के उपासक हैं या नारायण के। यह भी कम संकेतपूर्ण नहीं है कि उपन्यास का 'उपसंहार' करते हुए व्योमकेश शास्त्री अपनी ओर से यह टिप्पणी जोड़ना जरूरी समझते हैं : "मध्ययुग के किसी-किसी कवि ने राधिका की इस उत्कट अभिलाषा का वर्णन किया है कि वे समझ सकतीं कि कृष्ण उनमें क्या रस पाते हैं। श्रीकृष्ण ने भी, कहते हैं, राधिका की दृष्टि से अपने को देखना चाहा था और इसीलिए नवद्वीप में चैतन्य महाप्रभु के रूप में प्रकट हुए थे। काव्य की और धर्मसाधना की दुनिया में जो कल्पना थी उसे दीदी ने अपने जीवन में सत्य करके दिखा दिया।" (पृ. 294) इस प्रकार 'आत्मकथा' की पूरी परिकल्पना ही कृष्णभक्ति की एक निगूढ़ भावना में विन्यस्त की गई है।

जहाँ तक भक्ति के प्रसंग में तान्त्रिक अवधूत बाबा अघोरनाथ के विचारों के औचित्य का प्रश्न है, वह भी सर्वथा संगत और प्रासंगिक है। द्विवेदीजी का प्रतिपाद्य ही यह है कि कृष्णभक्ति के विकास में तन्त्र की महत्त्वपूर्ण भूमिका रही है। 'बाणभट्ट की आत्मकथा' में सुचरिता के गुरु वेंकटेश भट्ट का परिचय 'श्रीपर्वत से आए हुए वैष्णव तान्त्रिक' के रूप में दिया गया है जो एक समय उड्डीयानपीठ में सौगततन्त्र की उपासना करते थे। (पृ. 173-174) उल्लेखनीय है कि 'सूर साहित्य' का प्रथम अध्याय 'राधा-कृष्ण का विकास' है जिसके अन्त में यह कहा गया है कि "ब्रजभाषा काव्य की युगलमूर्ति का परिचय अपूर्ण ही रह जाएगा यदि हम तन्त्रवाद और सहजवाद का रहस्य न समझ लें।" (पृ. 33) कृष्णभक्ति में सहजमत की यह धारणा अन्तर्भुक्त हुई कि मनुष्य अपने सहज स्वाभाविक रास्ते में ही भगवान को प्राप्त कर सकता है। (पृ. 34) इसके अतिरिक्त "तन्त्रवाद के ससीम रस से सीमाहीन की उपलब्धि के सिद्धान्त ने तात्कालिक जन-समुदाय को, सखा रूप से, प्रिय रूप से, कृष्ण की उपासना के प्रति अग्रसर कर दिया था।" (पृ. 35) द्वितीय अध्याय 'स्त्रीपूजा और उसका वैष्णव रूप' में यह दिखाया गया है कि "शाक्तों का एक सम्प्रदाय जो पराशक्ति की उपासना स्त्री-रूप

से करता था...इसका प्रभाव भागवत सम्प्रदाय पर भी पड़ा।...राधा और गोपियों के रूप में तन्त्रशास्त्र का उक्त अंग भी इसमें सुलभ हो गया।" (पृ. 39) इसी क्रम में द्विवेदीजी ने यह भी दिखाने का प्रयास किया है कि वैष्णव भक्ति—विशेषतः चैतन्य देव के वैष्णव सम्प्रदाय में परकीया-प्रेम को जो इतना ऊँचा स्थान दिया गया है वह भी एक तरह से तान्त्रिक साधना का ही परिमार्जित रूप है। (पृ. 40)

कृष्णभक्ति के मूल स्रोत ढूँढ़ने के लिए तन्त्रादिक साधनाओं तक दौड़ इसलिए लगानी पड़ी कि भक्ति को ग्रियर्सन जैसे पंडित ने "अचानक बिजली की कौंध के समान फैल जाने" की बात लिख दी; यही नहीं बल्कि उन्होंने इसे ईसाई-प्रभाव भी बता डाला। इसलिए प्रतिवादस्वरूप द्विवेदीजी को अतीत से अनेक तथ्य जुटाकर पहले तो यह साबित करना पड़ा 'बिजली की कौंध' प्रतीत होनेवाली भक्ति के प्रकाश के लिए "सैकड़ों वर्षों से मेघखंड एकत्र हो रहे थे।" फिर यह भी दिखलाना पड़ा कि हिन्दू भक्तों का पाप-बोध ईसाई धर्म के पाप-बोध से तत्त्वतः भिन्न है। द्विवेदीजी के शब्दों में "सूरदास आदि भक्त कवियों का पाप **बाह्य** या **आगन्तुक** वस्तु है, परन्तु ईसाई भक्तों का पाप **आन्तर** और **स्वाभाविक** है।" (पृ. 71) इस पूरे खंडन-मंडन में महत्त्वपूर्ण बात यह है कि "सूरदास आदि **स्वभावतः** अपने आपको पापात्मा नहीं समझते।" (पृ. 70) स्पष्ट है कि यदि मनुष्य **स्वभावतः** पापात्मा नहीं है और पाप **बाह्य** आरोप है तो इस बाहरी स्रोत का पता लगाकर उससे निपटने की कोशिश की जा सकती है। स्वयं भक्तों में यह चेतना कितनी थी, यह बात विवादास्पद हो सकती है किन्तु द्विवेदीजी द्वारा प्रस्तुत हिन्दी भक्ति काव्य की व्याख्या यह चेतना जाग्रत करती है, इसमें सन्देह नहीं।

प्रेम पाप नहीं, बल्कि मनुष्य का 'स्व-भाव' है और इस स्वभाव को स्वीकार करके ही चरम लक्ष्य को प्राप्त किया जा सकता है—यह स्थापित करने के लिए ही द्विवेदीजी ने गोया 'अनामदास का पोथा' नामक अपना अन्तिम उपन्यास लिखा। रैक्व की पीठ को जब से जाबाला का स्पर्श प्राप्त हुआ तभी से उसमें एक सनसनाहट-सी होती है और उसे वह खुजलाया करता है। भगवती अरुन्धती पूछती हैं तो वह कहता है कि वह जो पाप का फल है। मैंने पाप किया था, उसी का दंड भोग रहा हूँ। इस पर भगवती

समझाती हैं कि यह तो सनसनाहट है वह पाप के कारण नहीं है, मन के कोने में छिपी हुई किसी दुर्दम अभिलाष-भावना की देन है। यह बात तू कभी न सोच कि तूने पाप किया और उसका दंड भोग रहा है। नहीं, इसमें पाप की कोई बात नहीं है। कुछ देर बाद इस प्राण के उपासक ऋषिकुमार को दार्शनिक स्तर पर उसकी समस्या का समाधान करते हुए भगवती फिर बतलाती हैं कि तुम्हारा झुकाव प्राणतत्त्व की ओर है, और तुम ब्रह्म के प्रिय रूप को अपनाने में समर्थ हो। महाज्ञानी याज्ञवल्क्य ने प्राण की उपासना करनेवाले को 'प्रिय ब्रह्म' का अधिकारी बताया था। रैक्व यह गूढ़ दर्शन ठीक से समझ नहीं पाता तो भगवती उसे जनक-याज्ञवल्क्य संवाद का पूरा ब्यौरा देते हुए फिर कहती हैं कि 'प्रियता' प्राण से ही तो प्रकट होती है तभी तो कहते हैं 'प्राण-प्रिये!' निष्कर्ष यह कि तुम्हारा स्व-भाव **प्रेम** है। उसी के माध्यम से तुम सत्य का साक्षात्कार कर सकते हो। इस प्रकार 'अनामदास का पोथा' मनुष्य की उस मूलभूत 'कामभावना' की अकुंठ प्रतिष्ठा करता है जो पाप के नाम पर निर्मित समस्त वर्जनाओं को चुनौती देती है। 'प्राण' शक्ति के रूप में कामभावना का निरूपण करके द्विवेदीजी यह स्पष्ट कर देना चाहते हैं कि यह मनुष्य की आन्तरिक ऊर्जा है जो उसके विकास का बीज है। भगवती अरुन्धती की दार्शनिक व्याख्या एक प्रकार से प्रेमनिष्ठ भक्ति का ही मूलमन्त्र है।

इस पापबोध जगानेवाले वर्ग से निपटने के लिए भक्तों के पास सबसे अमोघ अस्त्र था—प्रेम। आश्चर्य नहीं कि पुरोहिती हितों के पोषक पंडितों ने सबसे अधिक कोप इस 'प्रेम' पर ही प्रकट किया। कोप का एक रूप तो यह है कि इसे अभारतीय कहकर अग्राह्य बना दिया जाए। विचित्र विडम्बना है कि हिन्दी भक्ति-काव्य के अनेक लोकवादी मूल्यों के प्रशंसक आचार्य शुक्ल ने भी भक्तिकाव्य के प्राण 'प्रेम' को अभारतीय कहा। भक्ति-सम्प्रदाय में प्रेम का ही दूसरा नाम माधुर्य भाव है। यह माधुर्य भाव कबीर और जायसी में भी है तथा सूर और मीरा में भी। जायसी आदि सूफियों के काव्य में प्रेम का महिमा-गान देखकर आचार्य शुक्ल को कुछ ऐसा विश्वास हो चला कि यह माधुर्य भाव मूलतः फारसी परम्परा की वस्तु है और इस प्रकार अभारतीय है। उन्होंने कुछ कटुता के साथ लिखा कि ''भारतीय भक्ति का सामान्य रूप

रहस्यात्मक न होने के कारण इस 'माधुर्य भाव' का अधिक प्रचार नहीं हुआ। आगे चलकर मुसलमानी जमाने में सूफियों की देखादेखी इस भाव की ओर कृष्णभक्ति शाखा के कुछ भक्त प्रवृत्त हुए। इनमें मीराबाई हुईं जो 'लोकलाज खोकर' अपने प्रियतम श्रीकृष्ण के प्रेम में मतवाली रहा करती थीं।" मीरा को व्यंग्य का लक्ष्य बनाने के बाद आचार्य ने लिखा कि "चैतन्य महाप्रभु में सूफियों की प्रवृत्तियाँ साफ झलकती हैं।" फिर निर्गुण धारा के सन्तों का ध्यान आया तो कहा कि "निर्गुण धारा के कबीर, दादू आदि सन्तों की परम्परा में ज्ञान का जो थोड़ा-बहुत अवयव है वह भारतीय वेदान्त का है, पर प्रेमतत्व बिलकुल सूफियों का है। इसमें से दादू, दरिया साहब आदि तो खालिस सूफी ही जान पड़ते हैं। कबीर में 'माधुर्य भाव' जगह-जगह पाया जाता है।" इसके अतिरिक्त स्वयं "जायसी ने इश्क के दास्तानवाली मसनवियों के प्रेम के स्वरूप को प्रधान रखा है।"

इस प्रकार भक्तिकाल के प्रेम और माधुर्य भाव को फारसी की सूफी काव्य-परम्परा का प्रभाव कहकर आचार्य शुक्ल ने अपनी भारतीय परम्परा से उन्हें बाहर कर दिया। इस 'प्रेम' को अभारतीय कहने का कारण यह है कि वह 'ऐकान्तिक' और 'लोक बाह्य' है। शुक्लजी की दृष्टि में एक तुलसीदास को छोड़कर प्रायः सभी भक्त कवियों का प्रेम 'ऐकान्तिक' है। कबीर, सूर, मीरा आदि का प्रेम तो 'ऐकान्तिक' है ही, शुक्लजी के अति प्रिय जायसी का 'पद्मावत' भी एक नागमती विरहवाले प्रसंग को छोड़कर मुख्यतः 'प्रेमगाथा' ही है।

जायसी के सन्दर्भ में इस प्रेम की 'ऐकान्तिकता' की व्याख्या करते हुए शुक्लजी ने लिखा है, "वह संसार की वास्तविक परिस्थिति के बीच नहीं दिखाया जाता, संसार की और सब बातों से अलग एक स्वतन्त्र सत्ता के रूप में दिखाया जाता है। उसमें जो घटनाएँ आती हैं वे केवल प्रेममार्ग की होती हैं, संसार के और-और व्यवहारों से उत्पन्न नहीं। साहस, दृढ़ता और वीरता भी यदि कहीं दिखाई पड़ती है, तो प्रेमोन्माद के रूप में, लोक कर्तव्य के रूप में नहीं।"

शुक्लजी के इस आरोप का खंडन करने के लिए द्विवेदीजी का केवल यह एक वाक्य काफी है : "[इस ऐकान्तिक प्रेम] में लोकमर्यादा का

अतिक्रम दोष नहीं गुण समझा जाता है।" (*'सूफी साधकों की मधुर साधना', मध्यकालीन धर्म साधना,* तृतीय संस्करण, 1962, पृ. 255) वस्तुतः जिस 'लोकमर्यादा' के विरोध में जायसी का प्रेमी नायक घरबार छोड़कर निकल पड़ता है, उसी के निर्वाह की उम्मीद उससे कैसे की जा सकती है। जिस प्रेम को शुक्लजी लोक-बाह्य कहते हैं वह दरअसल एक निश्चित सीमा में जकड़े हुए लोक से बाहर है—निष्प्राण नियमों और रीति-रिवाजों में बँधे हुए समाज से बाहर निकलने का प्रयास है! उस प्रेम की ऐकान्तिकता ही उसकी लोकोन्मुखता है और वैयक्तिकता ही सामाजिकता, जैसा कि हर रोमैंटिक विद्रोह में होता है। इसीलिए शुक्लजी की दृष्टि में जो 'दोष' है वह वस्तुतः गुण है!

उल्लेखनीय है कि अपने इस पूर्वग्रह के बावजूद आचार्य शुक्ल सूरदास की गोपियों के प्रेम की स्वच्छन्दतावादी प्रकृति को लक्षित करने में समर्थ हुए हैं। लिखते हैं, "इस प्रेम को हम जीवनोत्सव के रूप में पाते हैं।...सूर के कृष्ण और गोपियाँ पक्षियों के समान स्वच्छन्द हैं। वे लोकबन्धनों से जकड़े हुए नहीं दिखाए गए हैं। जिस प्रकार स्वच्छन्द समाज का स्वप्न अंग्रेज कवि शेली देखा करते थे, उसी प्रकार का यह समाज सूर ने चित्रित किया है।" (*सूरदास, प्रथम संस्करण,* 1942, पृ. 173)

कृष्ण-भक्ति के रूढ़ि-विरोधी प्रेम की प्रकृति से शुक्लजी परिचित न हों, ऐसा भी नहीं। वल्लभाचार्य के 'पुष्टिमार्ग' की विशेषताएँ बतलाते हुए वे स्पष्ट लिखते हैं "इस पुष्टि मार्ग में आने के लिए पहली आवश्यक बात यह है कि लोक और वेद दोनों के प्रलोभनों से दूर हो जाए—उन फलों की आकांक्षा छोड़ दे जो लोक का अनुसरण करने से प्राप्त होते हैं तथा जिनकी प्राप्ति वैदिक कर्मों के सम्पादन द्वारा कही गई है।" जो प्रेम 'लोक और वेद' दोनों के 'प्रलोभनों' से दूर है उसे लोकविरोधी अथवा लोक-निरपेक्ष कैसे कहा जा सकता है? वस्तुतः जैसा कि कुछ आलोचकों ने लक्षित किया है, शुक्लजी "अनेक दृष्टियों से विचारों में प्रगतिशील होते हुए भी भावबोध की उसी दुनिया में रहते थे जिसके सम्राट आचार्य महावीरप्रसाद द्विवेदी थे" और इसीलिए वे प्रेम के मामले में द्विवेदी-युगीन 'सामाजिक रूढ़िवाद' और 'सशंक नैतिकता' के समर्थक थे। यही कारण है कि भक्तों के प्रेम की लोकवादी

भूमिका को पूरी तरह न पचा सके।

हजारीप्रसाद द्विवेदी द्वारा भक्ति-काव्य के प्रेम की उन्मुक्त स्वीकृति इस सन्दर्भ में निश्चय ही शुक्लजी के चिन्तन के आगे की कड़ी है और इसीलिए प्रगतिशील भी।

'सूर साहित्य' में भक्ति आन्दोलन की विशेषताएँ गिनाते हुए एक स्थान पर वे कहते हैं कि इस भक्ति मार्ग में 1. प्रेम ही परम पुरुषार्थ है; 2. भगवान के प्रति प्रेम कौलीन्य से बड़ी चीज है; 3. भक्ति के बिना शास्त्रज्ञान और पांडित्य व्यर्थ है; और 4. भक्त भगवान से बड़ा है। संक्षेप में कहा जा सकता है कि यह मत "ब्राह्मण धर्म का विरोधी तो नहीं था, परन्तु सम्पूर्ण अनुगामी भी नहीं था।" (पृ. 91) अन्यत्र सूरदास के सन्दर्भ में इसी बात को दूसरे शब्दों में इस प्रकार कहते हैं : "इसका मतलब यह नहीं कि सूरदास स्मार्त पन्थ के विरोधी हैं। वे भक्ति को सर्वोपरि समझते हैं। अगर भक्ति है तो तीर्थ-व्रत की जरूरत नहीं, अगर भक्ति नहीं है तो तीर्थ-व्रत से कुछ बड़ी चीज की प्राप्ति नहीं होगी। भगवान की दृष्टि में जाति-पाँति, कुलशील आदि कोई चीज नहीं है। केवल प्रेम चाहिए, प्रेम से ही वे मिलते हैं।" (पृ. 65)

इन दोनों उद्धरणों से ब्राह्मण धर्म अथवा स्मार्त धर्म के विषय में सूरदास आदि भक्तों के विरोध-समर्थन से अधिक स्वयं द्विवेदीजी की अपनी झिझक का आभास मिलता है। प्रेम की पुरोहितवाद-विरोधी और सामन्तवाद-विरोधी शक्ति का समर्थन करते हुए भी वे जैसे व्यवस्था को आमूल चुनौती देने से हिचकते प्रतीत होते हैं। हो सकता है, यह मध्ययुगीन भक्ति के ऐतिहासिक सन्दर्भ का भी अनुरोध हो। क्योंकि सर्जनात्मक कृतियों में जहाँ किसी धार्मिक प्रसंग का बन्धन नहीं है, वे लोक-जीवन के उन्मुक्त प्रेम के सम्मुख शास्त्र को झुकाने का आग्रह खुलकर करते हैं।

उदाहरण के लिए 'पुनर्नवा' का वह प्रकरण जब चन्द्रा के 'व्यवहार' को लेकर अमात्य पुरन्दर और आचार्य पुरगोभिल में विचार-विमर्श हो रहा है। बाहर आभीर महिलाओं की मंडली से सहसा एक युवती अपभ्रंश में लोकगान गाती है, जिसका अर्थ है कि वह शास्त्र और पुरजनों का बरजना जल जाए, जो प्रिय मिलन का निवारण करता है और साजन को मार डालता

है। आचार्य पुरगोभिल अमात्य की ओर देखकर मुस्कराते हुए कहते हैं : "सुन लिया धर्मावतार, हर गाँव, हर हाट, हर गली में ये गाने सुनाई देंगे। आज आप इसे केवल भावलोक का विद्रोह कहकर टाल सकते हैं। पर लोकमानस में शुष्क धर्माचार और रूढ़ मान्यताओं के प्रति यह भावलोक का विद्रोह किसी दिन वस्तुजगत के विद्रोह का रूप ले सकता है। जानते हैं धर्मावतार, आदि मनु ने धर्म के लिए हृदय-पक्ष को ध्यान में रखने पर भी बल दिया था, 'हृदयेनाभ्यनुज्ञातः' कहा था। पुराण ऋषि जानते थे कि आचार मात्र धर्म नहीं है।" अन्त में आचार्य पुरगोभिल चुनौती के स्वर में कहते हैं : "अगर निरन्तर व्यवस्थाओं का संस्कार और परिमार्जन नहीं होता रहेगा, तो एक दिन व्यवस्थाएँ तो टूटेंगी ही, अपने साथ धर्म को भी तोड़ देंगी।" (पृ. 172-73)

प्रेम के इसी लोक-आधार पर द्विवेदीजी ने हिन्दी के भक्ति काव्य की स्वीकृतिपरक व्याख्या की है। अपने अन्तिम दिनों के लिखे एक निबन्ध 'सूर-काव्य : प्रेरणा और स्रोत' (1978) में वे सप्रमाण यह स्थापित करते हैं कि "असल में 'सूरसागर' शास्त्रीय वैष्णव भक्तिशास्त्र से प्रेरणा अवश्य लेता है, पर शास्त्रीय की अपेक्षा लोकधर्म के अधिक निकट है।" इसी क्रम में आगे वे फिर कहते हैं कि "लोक जीवन ही 'सूरसागर' की लीलाओं की मुख्य सामग्री है। विसातिन, दही बेचनेवाली, नट-बाजीगर, मेला, पनघट आदि के प्रसंग में सूरदास की वाणी सहस्र सुरों में मुखरित हो जाती है। टोना-टोटका, मन्त्र-जन्त्र, झाड़-फूँक आदि के लोकप्रचलित विश्वासों के माध्यम से रस का महास्रोत उमड़ पड़ा है। इसका संधान किसी प्रस्थानत्रयी या प्रस्थान चतुष्ट्य में खोजना बेकार है।" (*ग्रन्थावली,* 4/152, 159) इस प्रसंग में 'सूरसागर' में कृष्ण के लिए प्रयुक्त 'लंगर' के लोकस्रोत की खोज सबसे दिलचस्प है। निष्कर्ष यह कि भक्तों के प्रेम ने यदि मध्ययुग में पंडितों के शास्त्र को चुनौती दी तो उसका आधार लोकजीवन है। आकस्मिक नहीं है कि इस शास्त्रविरोध में अग्रणी भूमिका उन्होंने अदा की जो समाज में 'पतित' समझे जाते हैं, जाति से भी और परिवार से भी। उल्लेखनीय है कि 'चारु चन्द्रलेख' की सबसे मधुर नारी-चरित्र 'नाटी माता' हैं जो जाति से कारुनट हैं और गिरिधर नागर को प्रेम करने के कारण अपने-आपको 'नागर नटी' कहती हैं, संक्षेप

में ना-टी। तान्त्रिक साधनाओं के विस्तार का भ्रम पैदा करते हुए भी यह उपन्यास तन्त्र पर भक्ति की विजय का उद्घोष है। नागर नटी द्वारा गायी जानेवाली शिखरिणी 'गताऽहं कालिन्दीं गृहसलिलमानेतुमनसा' प्रेमभक्ति के मधुर संगीत की अनुगूँज के समान समूचे उपन्यास पर छाई रहती है। कवि मंडन के 'अलि हौं तो गई जमुना जल कौ' वाले सवैये में निहित भक्ति-भावना का यह जीवन्त निरूपण सृजन का शृंगार है। एक शृंगारी समझे जानेवाले सवैया को भक्ति की गरिमा प्रदान कर द्विवेदीजी ने परोक्ष ढंग से उस सुधारवादी दृष्टि पर भी चोट कर दी जो लोकभाव प्रसूत स्वच्छन्द प्रेम की अनेक सरस रचनाओं को तथाकथित रीतिकाव्य के दरबारी दायरे में डाल चुकी है। प्रसंगवश यह भी उल्लेखनीय है कि 'सूर-साहित्य' के अन्तर्गत 'ब्रजभाषा साहित्य में ईश्वर' और 'ब्रजभाषा के कवि और युगलमूर्ति' शीर्षक से दो परिशिष्ट भी सम्मिलित हैं जिनमें रसखान के अलावा मतिराम, देव, ठाकुर और पद्माकर जैसे रीतिवादी कहे जानेवाले शृंगारी कवियों की भी कविताएँ उद्धृत हैं।

जिनके मानस में हजारीप्रसाद द्विवेदी की प्रतिमा कबीर के साथ एकाकार है वे शायद इन बातों से कुछ विचलित हों, किन्तु इसमें आश्चर्य के लिए जगह नहीं है। 'सूर-साहित्य' से चलकर ही द्विवेदीजी 'कबीर' तक पहुँचे थे, यह तथ्य है। और सच पूछिए तो इस विचार-यात्रा में कोई विरोध भी नहीं है। सूर से कबीर तक की यात्रा प्रेम के पन्थ की ही भाव-यात्रा है। सामाजिक विद्रोह का एक रूप वह भी है जो प्रेम की भाषा में अभिव्यक्ति पाता है। आकस्मिक नहीं है कि द्विवेदीजी के कबीर पर सूर की प्रेमभक्ति का गहरा रंग है। द्विवेदीजी के कबीर उनके सूर से निश्चय ही अधिक मुखर क्रान्तिकारी हैं और इसीलिए द्विवेदीजी उनकी ओर आकृष्ट भी होते हैं, पर ऐसा लगता है कि उनके अन्दर कहीं-न-कहीं सूरदास के रूप में एक मृदु-विद्रोही भी बैठा हुआ था जिसका प्रवेश साहित्य-साधना की उस वय में हुआ जिसका संस्कार जल्दी नहीं छूटता और प्रायः स्थायी हुआ करता है।

'सूर-साहित्य' में उन्होंने लिखा है : "सूरदास आदि भक्त कवियों में कहीं विरोध की ध्वनि नहीं है, वे अगर किसी बात को अनुचित समझेंगे तो अत्यन्त मृदु भाषा में उसकी उपेक्षा पर जोर देंगे। यह उपेक्षा भी वे सीधे नहीं

कहेंगे। कहेंगे कवि की भाषा में, लक्षणा और व्यंजना का आवरण डालकर। इनकी तुलना उपनिषद् के ऋषियों से की जा सकती है जो यज्ञ-याग के विरोधी नहीं, उपेक्षक थे। सूरदास का सूरसागर प्रेम का काव्य है। इस प्रेम की लीला का वर्णन करते-करते प्रसंगवश वे कहीं-कहीं योग, तीर्थ आदि पर कुछ कह गए हैं।" (पृ. 61)।

इसी बात को आगे चलकर 'हिन्दी साहित्य की भूमिका' में अधिक व्यवस्थित रूप में इस प्रकार कहा गया है, "सूरदास सुधारक नहीं थे, ज्ञानमार्गी भी नहीं थे, किसी को कुछ सिखाने का मान उन्होंने कभी किया ही नहीं। वे कहीं भी सम्प्रदाय, मतवाद या व्यक्ति विशेष के प्रति कटु नहीं हुए। यह भी उनके सरल हृदय का ही निदर्शक है। लेकिन वे कबीर की तरह ऐसे समाज से नहीं आए थे जो पद-पद पर लांछित और अपमानित होता था और जहाँ का गृहस्थ-जीवन वैराग्य जीवन की अपेक्षा ज्यादा कठोर और तपोमय था। सूरदास जिस समाज में पले थे उसका गृहस्थ जीवन विलासिता का जीवन था, मिथ्याचार और फरेब का जीवन था और 'यौवन मद, जनमद, धनमद, विधमद भारी' का जीवन था। इसीलिए इस समाज से वैराग्य ग्रहण करना उनका मत था। वे तुलसीदास की भाँति दृढ़चेता सेनानायक नहीं थे जो समाज की कुरीतियों से कुशलतापूर्वक बाहर निकलकर उस पर गोलाबारी आरम्भ कर दें। नन्ददास की तरह पर-पक्ष की युक्तियों को तर्क-बल पर निराश करना भी वे नहीं जानते थे। वे केवल श्रद्धालु और विश्वासी भक्त थे जो झगड़ों में पड़ने के नहीं।" (पृ. 101-102)

जिस प्रकार तुलनात्मक ढंग से कबीर, तुलसीदास और नन्ददास-जैसे प्रमुख भक्तों से अलगाते हुए सूरदास के विशिष्ट व्यक्तित्व को यहाँ उभारा गया है उसमें द्विवेदीजी के अपने झुकाव को परिलक्षित करना ज्यादा कठिन नहीं है। किसी के प्रति कटु न होना और झगड़े में न पड़ना द्विवेदीजी का काम्य भले ही रहा हो, किन्तु यह नहीं भूलना चाहिए कि द्विवेदीजी सूरदास के-से कथित समाज से नहीं आए थे। यदि वे ऐसे पद-पद पर लांछित और अपमानित होनेवाले समाज से नहीं आए थे, तो सूरदास के-से सम्पन्न समाज से भी उनका जन्मना सम्बन्ध न था। इसलिए यदि द्विवेदीजी के स्वभाव को सूरदास के समान समझने की प्रवृत्ति होती है तो यह स्पष्ट हो जाना चाहिए

कि उसका कारण जन्मना प्राप्त समाज और परिवेश नहीं है। वैसे भी किसी लेखक के दृष्टिकोण को उसे पैदा करनेवाले जाति, वर्ग या समाज के आधार पर निर्धारित करने का प्रयास 'फूहड़ समाज-शास्त्र' है। जो द्विवेदीजी को निकट से जानते हैं उनके सामने द्विवेदीजी का बहुत कुछ ऐसा ही व्यक्तित्व है कि वे विरोध में कभी कटु नहीं हुए और भरसक झगड़ों से बचे रहना चाहते थे। किन्तु यह भी तथ्य है कि वे झगड़ों में खींचे भी गए और विरोध भी उनका कम नहीं हुआ। इन सबके बीच उन्होंने स्वर में कभी कटुता नहीं आने दी तो इसका अर्थ यह नहीं कि उनके विचारों में विरोध और विद्रोह नहीं था! जरूरी नहीं कि विद्रोह का स्वर भी उग्र हो! यह बात सूर के बारे में जितनी सच है, उतनी ही द्विवेदीजी के बारे में भी। विद्रोह भी आखिर प्रेम का–'मधुर भाव' का ही तो है–मधुर नहीं होगा तो और क्या होगा?

भारतीय साहित्य की प्राणधारा और 'लोकधर्म'

29 जनवरी, '40 को हजारीप्रसाद द्विवेदी ने पं. बनारसीदास चतुर्वेदी को लिखा : "यदि आप इधर आए तो अपनी लिखी एक छोटी-सी पुस्तिका दिखाऊँगा। पुस्तक का नाम होगा 'भारतीय साहित्य की प्राणधारा' या ऐसा ही कुछ।"

यह वही पुस्तक है जो अगले महीने फरवरी में 'हिन्दी साहित्य की भूमिका' के नाम से प्रकाशित हुई। नाम वह नहीं रहा, पर कथ्य वही है : भारतीय साहित्य की प्राणधारा। प्रमाण है 'भूमिका' के आरम्भिक दो अध्याय, जिनका शीर्षक है 'भारतीय चिन्ता का स्वाभाविक विकास' और जो 'भूमिका' की आधारशिला हैं।

'भूमिका' का आरम्भ इस घोषणा से होता है : "मैं जोर देकर कहना चाहता हूँ कि अगर इस्लाम नहीं आया होता तो भी इस (हिन्दी) साहित्य का बारह आना वैसा ही होता जैसा आज है।"

इस नाटकीय घोषणा की आवश्यकता इसलिए पड़ी कि बहुत-से विद्वान हिन्दी साहित्य के उदय को मुसलमानों और

हिन्दुओं के संघर्ष का परिणाम मानते हैं। स्वयं आचार्य रामचन्द्र शुक्ल ने हिन्दी साहित्य के आदिकाल को 'वीरगाथा काल' माना क्योंकि उस समय मुसलमान आक्रमणकारियों के विरुद्ध हिन्दू राजाओं के वीरतापूर्ण युद्ध की गाथाएँ लिखी गईं। फिर भक्तिकाल आया क्योंकि "देश में मुसलमानों का राज्य प्रतिष्ठित हो जाने पर हिन्दू जनता के हृदय में गौरव, गर्व और उत्साह के लिए अवकाश न रह गया।...अपने पौरुष से हताश जाति के लिए भगवान की शक्ति और करुणा की ओर ध्यान ले जाने के अतिरिक्त दूसरा मार्ग ही क्या था।"

पहले तो द्विवेदीजी ने इस बात का प्रतिवाद किया कि हिन्दी साहित्य 'हतदर्प पराजित जाति' की सम्पत्ति है; फिर उन्होंने भक्ति काव्य को मुस्लिम आक्रमण की 'प्रतिक्रिया' समझनेवाली धारणा का खंडन करते हुए कहा कि "सूरदास और तुलसीदास आदि वैष्णव कवियों की समूची कविता में किसी प्रकार की प्रतिक्रिया का भाव नहीं है। जिस समाज को ये भक्तगण सुधारना चाहते थे उसमें विदेशी धर्म का कोई प्रभाव उन्होंने लक्ष्य नहीं किया था।" (पृ. 28) किन्तु आगे किसी भ्रम के लिए गुंजाइश न छोड़ते हुए उन्होंने यह भी जोड़ दिया कि "इन सबका यह अर्थ नहीं कि मुसलमानी धर्म का कोई प्रभाव साहित्य पर नहीं पड़ा है।...[किन्तु] यह प्रभाव 'प्रभाव' के रूप में ही स्वीकार किया जाना चाहिए, प्रतिक्रिया के रूप में नहीं।" (पृ. 29)

इस प्रसंग में विशेष रूप से उल्लेखनीय बात यह है कि प्रतिवाद के लक्ष्य के रूप में द्विवेदीजी ने शुक्लजी को नहीं, बल्कि अंग्रेज इतिहासकार हेवेल को चुना है। 'भूमिका' में उन्होंने लिखा है कि "प्रोफेसर हेवेल ने अपने 'हिस्ट्री ऑफ आर्यन रूल' में लिखा है कि मुसलमानी सत्ता के प्रतिष्ठित होते ही हिन्दू राजकाज से अलग कर दिए गए। इसलिए दुनिया की झंझटों से छुट्टी मिलते ही उनमें धर्म की ओर, जो उनके लिए एकमात्र आश्रय स्थल रह गया था, स्वाभाविक आकर्षण पैदा हुआ—यह गलत व्याख्या है।" (पृ. 15) यद्यपि द्विवेदीजी ने यहाँ हेवेल के मत की समीक्षा नहीं की है, किन्तु ऐसा संकेत प्रतीत होता है कि भक्ति आन्दोलन को मुसलमानों के विरुद्ध हिन्दुओं की प्रतिक्रिया बताने की जिम्मेदारी मूलतः साम्राज्यवादी अंग्रेज इतिहासकारों पर है; इसलिए यदि कोई भारतीय इतिहासकार उसी बात को

दुहराता है तो वह अनजाने ही अंग्रेज साम्राज्यवाद द्वारा प्रचारित भ्रम का शिकार है और इस प्रकार वह अन्ततः उस साम्राज्यवादी हित का ही समर्थन करता है। कहने की आवश्यकता नहीं कि यह इतिहास की सम्प्रदायवादी दृष्टि है जिसका भरपूर इस्तेमाल अंग्रेजी साम्राज्यवाद ने देश की हिन्दू-मुस्लिम साधारण जनता को विभाजित करने के लिए किया और इस कार्य में उन्हें देशी सामन्तों और उनके सहायक पुरोहितों और मौलवियों से मदद मिली।

निस्सन्देह इस सम्प्रदायवादी इतिहास-दृष्टि के विरोध का श्रेय हजारीप्रसाद द्विवेदी को है जिन्होंने हिन्दी में पहले-पहल साम्राज्यवादी इतिहासकारों द्वारा फैलाए गए एक भ्रम को तोड़ने का प्रयास किया। 'हिन्दी साहित्य की भूमिका' इस दृष्टि से ऐतिहासिक दस्तावेज है।

वैसे, आज भी द्विवेदीजी का मत विवाद से परे नहीं है। उदाहरण के लिए डॉ. रामस्वरूप चतुर्वेदी ने 'आलोचना' के द्विवेदी स्मृति अंक (नवांक 49-50, अप्रैल-सितम्बर, 1979) में शुक्ल-द्विवेदी विवाद को फिर से उठाते हुए लिखा है : "पर एक बात की ओर ध्यान दिलाए बिना यह प्रसंग अधूरा रह जाएगा। सूरदास पर कार्य करते समय विद्वानों ने प्रायः वल्लभाचार्य की इन पंक्तियों को उद्धृत किया है, 'देश म्लेच्छाक्रान्त है, गंगादि तीर्थ दुष्टों द्वारा भ्रष्ट हो रहे हैं, अशिक्षा और अज्ञान के कारण वैदिक धर्म नष्ट हो रहा है, सत्पुरुष पीड़ित तथा ज्ञान विस्मृत हो रहा है, ऐसी स्थिति में एकमात्र कृष्णाश्रय में ही जीवन का कल्याण है।' भक्त कवियों के एक प्रमुख गुरु के सीधे साक्ष्य पर यों प्रतिक्रियावाली व्याख्या पुष्ट होती है।" (पृ. 57)

दरअस्ल वल्लभाचार्य के जिस उद्धरण के बल पर भक्ति को मुसलमानों की प्रतिक्रिया माननेवाली धारणा को पुष्ट किया गया है, उससे आचार्य शुक्ल अनभिज्ञ न थे। 'हिन्दी साहित्य का इतिहास' में तथा 'सूरदास' नामक पुस्तक के 'वल्लभाचार्य' शीर्षक परिच्छेद में आचार्य शुक्ल ने ही यह लिखा है : " 'कृष्णाश्रय' नामक अपने एक प्रकरण ग्रन्थ में आचार्यजी ने देशकाल की अत्यन्त विपरीत दशा का वर्णन किया है जिसमें वेद-मार्ग या मर्यादा-मार्ग का अनुसरण उन्हें अत्यन्त कठिन या असम्भव दिखाई पड़ा। वल्लभाचार्यजी के समय में देश में मुसलमानी साम्राज्य अच्छी तरह दृढ़ हो चुका था। हिन्दुओं का एकमात्र स्वतन्त्र और प्रभावशाली राज्य दक्षिण का

विजयनगर राज्य रह गया था; पर बहमनी सुलतानों के पड़ोस में रहने के कारण उसके दिन भी गिने हुए दिखाई पड़ते थे। इस्लामी संस्कृति का प्रभाव अच्छी तरह जम रहा था। सूफी भक्तों या पीरों के द्वारा सूफी पद्धति की भक्ति का प्रचार कार्य चल रहा था। इस परिस्थिति में भागवत की प्रेमलक्षणा भक्ति के प्रचार द्वारा ही लोगों के कल्याण-मार्ग की ओर आकर्षित होने और साथ ही भारतीय संस्कृति के बने रहने की सम्भावना आचार्यजी को दिखाई पड़ी।" (*सूरदास,* प्रथम संस्करण 2000 वि., पृ. 117)

वल्लभाचार्यकृत 'कृष्णाश्रय' के जिन श्लोकों के आधार पर उपर्युक्त स्थापना की गई है, वे इस प्रकार हैं :

म्लेच्छाक्रान्तेषु देशेषु पापैकनिलयेषु च।
सत्पीडाव्यग्रलोकेषु कृष्ण एव गतिर्मम॥
गंगादितीर्थवर्येषु दुष्टैरवावृतेष्विह।
तिरोहिताधिदेवेषु कृष्ण एव गतिर्मम॥
अपरिज्ञाननष्टेषु मन्त्रेष्वव्रतयोगिषु।
तिरोहितार्थवेदेषु कृष्ण एव गतिर्मम॥
नानावादविनष्टेषु सर्वकर्मव्रतादिषु।
पाषण्डैकप्रयत्नेषु कृष्ण एव गतिर्मम॥

यह सही है कि स्तोत्र के इन श्लोकों में एक जगह देश के 'म्लेच्छाक्रान्त' होने का उल्लेख है और यदि 'म्लेच्छ' को मुसलमानों का वाचक मान भी लिया जाए तो उससे यह कहाँ सिद्ध होता है कि गंगादि तीर्थों के भ्रष्ट होने, वेदों के अर्थ के तिरोहित होने, व्रतादिक सभी कर्मों के नष्ट होने, पाषंड, पाप, अज्ञान आदि के बढ़ने के लिए ये म्लेच्छ ही जिम्मेदार हैं और इन्हीं के आक्रमण के कारण कृष्ण का आश्रय ढूँढ़ा जा रहा है? उल्लेखनीय है कि शुक्लजी ने 'कृष्णाश्रय' के सन्दर्भ में जहाँ देशकाल की 'विपरीत दशा' का वर्णन किया है, वहाँ मुसलमानों को उसका कारण नहीं बताया है। मुसलमानों का उल्लेख उनकी अपनी टिप्पणियों में है जहाँ बहमनी सुल्तानों के साथ-साथ सूफी भक्त और पीर भी घसीट लिये गए हैं।

जैसा कि द्विवेदीजी ने अन्यत्र कहा है, "यह बात अत्यन्त उपहासास्पद है कि जब मुसलमान लोग उत्तर भारत के मन्दिर तोड़ रहे थे तो उसी समय

अपेक्षाकृत निरापद दक्षिण में भक्त लोगों ने भगवान की शरणागति की प्रार्थना की। मुसलमानों के अत्याचार के कारण यदि भक्ति की भावधारा को उमड़ना था तो पहले उसे सिन्ध में और फिर उत्तर भारत में प्रकट होना चाहिए था, पर प्रकट हुई वह दक्षिण में।" (*हिन्दी साहित्य : उसका उद्भव और विकास,* संस्करण 1969, पृ. 55)

इसी क्रम में यह भी पूछा जा सकता है कि यदि भगवद्भक्ति के लिए आक्रान्ता मुसलमान ही जिम्मेदार थे तो स्वयं मुसलमान भक्त कृष्ण की शरण में क्यों आए और जो मुसलमान कृष्ण की शरण में नहीं आए वे निर्गुण भगवान और सूफी मार्ग की ओर क्यों गए? इसमें तो कोई शक नहीं कि भगवान की शरण ढूँढ़ने के लिए साधारण जनों के बीच से उठनेवाले भक्त किसी-न-किसी बड़े कष्ट के कारण ही गए, किन्तु इस कष्ट के लिए सिर्फ मुसलमान आक्रमणकारियों और शासकों को दोषी ठहराना ठीक नहीं है।

आचार्य शुक्ल के प्रति आदर-भाव डॉ. रामविलास शर्मा को डॉ. रामस्वरूप चतुर्वेदी से कम नहीं, बल्कि कुछ अधिक ही है और तुलना के लिए द्विवेदीजी सामने हों तो और भी अधिक है। फिर भी 'आचार्य रामचन्द्र शुक्ल और हिन्दी आलोचना' (1955) नामक पुस्तक में उन्होंने इस विषय में शुक्लजी की धारणा को गलत माना है, लिखा है : "शुक्लजी का विचार था कि यह निराशा और उदासी मुस्लिम शासन के कारण थी। देश में विदेशी जातियों का आक्रमण और उनका शासन भी **एक कारण** था। लेकिन वास्तविकता यह है कि सत्ता में सहायक और भाग लेनेवाले देशी सामन्त भी थे, उन सामन्तों के देशी सहायक पंडे और पुरोहित भी थे। स्वयं शुक्लजी ने दरबारी कवियों को जो चुन-चुनकर सुनाई है, उससे स्पष्ट है कि उनकी सहानुभूति देश-रक्षा के इन ठेकेदारों के साथ न थी। **फिर भी उनके विवेचन में देशी सामन्तों की भूमिका हर जगह स्पष्ट नहीं है, इसलिए उन्होंने निराशा का कारण मुस्लिम शासन बताया है**।" (पृ. 84-85, ज़ोर मेरा)

और "इससे परिणाम यह निकलता है कि जो लोग इस्लाम और हिन्दू-धर्म की टक्कर में मध्यकालीन समाज की आशा-निराशा का स्रोत ढूँढ़ते हैं वे उस समय के साहित्यिक आन्दोलनों के सामाजिक आधार का सही-सही पता नहीं लगा सकते।" (पृ. 86)

इस प्रकार अन्ततः द्विवेदीजी के मत के औचित्य की पुष्टि होती है।

दरअस्ल भारत पर तुर्कों और मुगलों के आक्रमण तथा शासन से जुड़ा हुआ एक और प्रश्न है, जिसे द्विवेदीजी ने तो नहीं उठाया है, लेकिन डॉ. रामविलास शर्मा ने उठाया है और प्रसंगवश उसकी चर्चा आवश्यक है। प्रश्न यह है कि क्या तुर्कों और मुगलों के आक्रमण तथा शासन के कारण भारतीय समाज में कोई ऐसा उल्लेखनीय परिवर्तन आया जिससे यहाँ का साहित्यिक-सांस्कृतिक जीवन भी प्रभावित हुआ?

डॉ. रामविलास शर्मा ऐसे किसी प्रकार के परिवर्तन को स्वीकार करने के लिए तैयार नहीं हैं। क. मुं. हिन्दी विद्यापीठ आगरा की 'भारतीय साहित्य' पत्रिका (वर्ष 19, अंक 3-4, जुलाई-अक्तूबर, 1974) में प्रकाशित 'भारतीय साहित्य का इतिहास : साहित्य में देशी भाषाओं की प्रतिष्ठा' शीर्षक लेख में तुर्कों के हमले पर हिन्दुत्व-प्रेमी इतिहासकारों की विडम्बनापूर्ण स्थिति पर प्रकाश डालते हुए डॉ. शर्मा लिखते हैं : "इतिहास-लेखक तुर्क आक्रमण-काल को प्राचीन भारत और मध्यकालीन भारत की विभाजक रेखा मानते हैं। ये सब बड़े हिन्दुत्व प्रेमी इतिहासकार हैं। इनसे पूछना चाहिए, यदि तुर्क आक्रमणकारियों की भूमिका क्रान्तिकारी नहीं थी तो एक युग समाप्त कैसे हो गया, दूसरे युग का सूत्रपात कैसे हुआ? प्राचीन भारत का अवसान और मध्यकालीन भारत का अभ्युदय, इससे अधिक युग परिवर्तन का स्पष्ट रूप और क्या होगा? तुर्कों की धर्मान्धता और क्रूरता को निरन्तर कोसनेवाले ये इतिहासकार अप्रत्यक्ष रूप से उन्हें युग-प्रवर्तक स्वीकार करते हैं। जहाँ तक आधुनिक आर्यभाषाओं के अभ्युदय का प्रश्न है, साहित्य में उनके प्रतिष्ठित होने का प्रश्न है, वहाँ यह स्वीकृति बहुत अप्रत्यक्ष भी नहीं है। डॉ. सुनीतिकुमार चाटुर्ज्या ने लिखा है : "यदि तुर्क-मुसलमान विजय न हुई होती तो यह सम्भव था कि आधुनिक भारतीय आर्य-लोकभाषाओं का औपचारिक रूप से उद्‌भव तो हो जाता किन्तु लगता है कि गम्भीर साहित्यिक उद्‌देश्यों के लिए उनकी स्वीकृति में विलम्ब होता।" (*इंडो आर्यन एंड हिन्दी*, कलकत्ता, 1960, पृ. 103)

इसके बाद भारतीय समाज पर तुर्कों के प्रभाव के विषय में अपना मत व्यक्त करते हुए डॉ. शर्मा कहते हैं : "जहाँ तक तुर्कों का सम्बन्ध है, ये

कबीलों के रूप में संगठित थे और सामन्ती व्यवस्था की प्रारम्भिक मंजिलों से गुजर रहे थे। भारत में आकर उन्होंने सामन्ती व्यवस्था के बदले गण-व्यवस्था कायम की हो, ऐसा नहीं हुआ, सामन्तवाद के बदले यहाँ पूँजीवादी व्यवस्था कायम की हो ऐसा भी नहीं हुआ। तब उन्होंने कौन-सा युग परिवर्तन किया? वे यहाँ के सामाजिक ढाँचे में खप गए।"

डॉ. शर्मा का यह कहना सही है कि तुर्कों ने भारत में आकर कोई 'युग परिवर्तन' नहीं किया; न उन्होंने सामन्तवाद को तोड़कर गण-व्यवस्था कायम की, न पूँजीवादी व्यवस्था। फिर भी प्रश्न यह है कि 'युग परिवर्तन' न सही, कोई और परिवर्तन उनके आने के साथ हुआ या नहीं? मसलन तकनीकी या प्रौद्योगिकी परिवर्तन? डॉ. शर्मा का ध्यान इस ओर नहीं गया, लेकिन वे इतिहासकार जो 'हिन्दुत्व-प्रेमी' नहीं हैं, इस समस्या पर निरन्तर शोध कर रहे हैं। प्रोफेसर इरफान हबीब ने 13वीं और 14वीं सदी के सन्दर्भ में 'प्रौद्योगिकीय परिवर्तन और समाज' शीर्षक शोध निबन्ध में ठोस तथ्यों के आधार पर यह दिखलाने का प्रयास किया है कि तुर्कों के शासन के समय भारत में वस्त्र उद्योग, सिंचाई, कागज, चुम्बकीय कुतुबनुमा, समयसूचक उपकरण तथा घुड़सवार सेना प्रौद्योगिकी आदि के क्षेत्रों में उल्लेखनीय विकास हुआ। इन तकनीकी परिवर्तनों के द्वारा सामाजिक ढाँचे में होनेवाले परिवर्तनों की ओर संकेत करते हुए निष्कर्ष स्वरूप प्रोफेसर हबीब ने लिखा है : "13वीं-14वीं सदी के ये प्रौद्योगिक परिवर्तन काफी महत्त्वपूर्ण थे। उन्होंने शिल्प और कृषि उत्पादन को बढ़ाया। व्यापारिक गतिविधि को तीव्र किया। इससे वर्ग-सम्बन्धों में भी कुछ परिवर्तन आया होगा। नई तकनीक में कुशल दक्ष कारीगर प्राप्त करने की ललक ने **व्यक्तिगत नौकरी** लागू करने को प्रोत्साहित किया होगा। कागज के प्रचलन से अखिल भारतीय बाजार के विकास में मदद मिली होगी। इत्यादि।" (*मध्यकालीन भारत,* मैकमिलन, 1981)

यदि प्रोफेसर हबीब के शोध-निष्कर्ष सही हैं तो स्पष्ट है कि 13वीं-14वीं सदी में तुर्कों के कारण भारतीय समाज के सामन्ती ढाँचे के अन्दर व्यापारी पूँजीवाद के विकास की दिशा में अवश्य ही कुछ उल्लेखनीय परिवर्तन हुए होंगे, जो देर-सबेर सामाजिक-सम्बन्धों को प्रभावित करते हुए

सांस्कृतिक-साहित्यिक परिवर्तन के लिए भी पृष्ठभूमि तैयार कर सके होंगे। इन तकनीकी परिवर्तनों की गैर-जानकारी के बावजूद जैसा कि द्विवेदीजी ने 'कबीर' नामक पुस्तक में दिखलाया है, जुलाहे जैसे अनेक दस्तकारों और कारीगरों ने उस बीच सामूहिक रूप से धर्म-परिवर्तन किया था। इसलिए भारतीय समाज पर तुर्कों और उनके बाद मुगलों के प्रभाव को एकदम नकारना सही नहीं है। इस सन्दर्भ में यह न भूलना चाहिए कि हिन्दुत्व-प्रेम तुर्कों को युग-प्रवर्तक मानने में ही प्रकट नहीं हुआ है, बल्कि उसका एक रूप तुर्कों के प्रभाव का एकदम नकार भी है। इस सन्दर्भ में द्विवेदीजी की 'बारह आना' वाली बात महत्त्वपूर्ण है। उन्होंने इस्लाम के प्रभाव को पूरा का पूरा नहीं नकारा। सिर्फ इतना ही कहा कि तीन-चौथाई समाज वही रहता। इसलिए देखना चाहिए कि वह बचा हुआ 'चार आना' अथवा एक चौथाई क्या है जो इस्लाम के आने का परिणाम है?

भारत में आनेवाले तुर्कों के बारे में इतना ही कहना काफी नहीं है कि "ये कबीलों के रूप में संगठित थे और सामन्ती व्यवस्था की प्रारम्भिक मंजिलों से गुजर रहे थे।" उनके पास एक व्यवस्थित 'विचारधारा' भी थी और वे अपने राजनीतिक प्रभुत्व के साथ उस 'विचारधारा' के प्रभुत्व की स्थापना के लिए भी प्रयत्नशील थे। भारतीय समाज पर इस 'विचारधारात्मक' अथवा 'सांस्कृतिक' प्रभुत्व-स्थापन का क्या प्रभाव पड़ा, इसकी चर्चा भी जरूरी है।

तुर्कों के आक्रमण के इस 'सांस्कृतिक' पक्ष पर द्विवेदीजी ने 'सूर-साहित्य', 'हिन्दी साहित्य की भूमिका', 'कबीर' आदि अनेक पुस्तकों में विचार किया है और थोड़े-बहुत अन्तर के साथ सबमें एक-सी बातें ही कही हैं, किन्तु सबसे सुलझा हुआ रूप 'कबीर' के अन्तर्गत 'भारतीय धर्म साधना में कबीर का स्थान' शीर्षक अध्याय में मिलता है। उल्लेखनीय बात यह है कि "इस्लाम के आने के पहले इस विशाल जनसमूह का कोई एक नाम तक न था। अब उसका नाम 'हिन्दू' पड़ा। हिन्दू अर्थात् भारतीय, अर्थात् गैर-इस्लामी मत। स्पष्ट ही गैर-इस्लामी मत में कई तरह के मत थे।" परन्तु इस विशाल जनसमूह को 'धर्म' के स्तर पर संघबद्ध करने के लिए "स्तूपीभूत शास्त्र वाक्यों की छानबीन से एक बहुत-कुछ मिलता-जुलता **आचार-प्रवण**

धर्ममत स्थिर'' किया गया। इस प्रकार ''हिन्दू को और भी अधिक हिन्दू बना दिया गया।'' इस हिन्दू समाज की 'वर्जनशीलता' के कारण वैरागियों, आश्रम-भ्रष्ट गृहस्थों आदि की संख्या बढ़ने लगी। उन दिनों ऐसे लोगों की तादाद काफी थी जो 'ना-हिन्दू-ना-मुसलमान' की स्थिति में थे, जिनमें से कई अन्ततः सामूहिक रूप से मुसलमान हो गए। द्विवेदीजी ने इन बातों की चर्चा करके यह संकेत करना चाहा है कि इस्लाम के आने पर 'सांस्कृतिक' सम्पर्क तथा टकराव के फलस्वरूप एक हद तक सामाजिक सम्बन्धों में भी परिवर्तन आया। निस्सन्देह सामाजिक ढाँचा मूलतः सामन्ती ही रहा, किन्तु ढाँचे पर खड़ी इमारत की अधिरचना में कुछ-न-कुछ परिवर्तन अवश्य हुआ। एक ओर जाति-व्यवस्था में जगह-जगह विशृंखलता के लक्षण दिखाई पड़े तो दूसरी ओर उसे और ज्यादा कठोर बनाने के भी प्रयत्न हुए। भक्तिकाव्य में जहाँ एक ओर इस विसंगतिपूर्ण स्थिति के समाधान का प्रयास है, वहीं इस स्थिति का चित्रण भी मिलता है। सम्भवतः यही वह चौथाई अंश है, जिसके विश्लेषण की प्रक्रिया में द्विवेदीजी को इस्लाम के प्रभाव से अस्पृष्ट परम्परागत तीन-चौथाई अंश का एहसास हुआ और वे इस निष्कर्ष पर पहुँचे कि इस्लाम और हिन्दू धर्म की टक्कर मध्यकाल के भारतीय समाज का मुख्य अन्तर्विरोध नहीं है और न इसे हिन्दी साहित्य की विकास की केन्द्रीय शक्ति ही माना जा सकता है।

फिर वह क्या है जिसकी प्रक्रिया इस्लाम के आने के पहले ही शुरू हो गई थी और उसके बाद भी अवाधित गति से चलती रही?

'भूमिका' के प्रथम अध्याय 'भारतीय चिन्ता का स्वाभाविक विकास' का उपसंहार करते हुए द्विवेदीजी इस प्रश्न का उत्तर इस प्रकार देते हैं : ''भारतीय पांडित्य ईसा की एक सहस्राब्दी बाद आचार-विचार और भाषा के क्षेत्रों में स्वभावतः ही लोक की ओर झुक गया था। यदि अगली शताब्दियों में भारतीय इतिहास की अत्यधिक महत्त्वपूर्ण घटना अर्थात इस्लाम का प्रमुख विस्तार न भी घटी होती तो भी वह इसी रास्ते जाता। उसके भीतर की शक्ति उसे इसी स्वाभाविक विकास की ओर ठेले लिए जा रही थी।'' (पृ. 15)

इस उद्धरण में 'स्वभावतः' और 'स्वाभाविक' शब्दों का प्रयोग 'प्रभाव' के विरुद्ध 'स्व-भाव' पर बल देने के निमित्त प्रतीत होता है। तात्पर्य यह है

कि लोक की ओर शास्त्र का झुकना किसी बाहरी 'प्रभाव' के कारण नहीं, बल्कि भारतीय समाज के 'स्व-भाव' के कारण ही हुआ। 'स्वभावतः' से इस प्रक्रिया के अनायास यह स्वतःस्फूर्त ढंग से सम्पन्न होने का भ्रम न होना चाहिए क्योंकि इसके कुछ ही पहले द्विवेदीजी कह आए हैं कि "ग्यारहवीं-बारहवीं शताब्दी के पंडितों को लोकजीवन की ओर झुकने को बाध्य होना पड़ा था।" दूसरे शब्दों में लोकशक्ति ने शास्त्र को झुकने के लिए बाध्य किया था। स्पष्ट है कि यह लोकशक्ति ही वह 'भीतर की शक्ति' है जो भारतीय इतिहास को उस विकास की ओर ठेले लिए जा रही थी।

इस प्रकार मध्ययुग के भारतीय इतिहास का मुख्य अन्तर्विरोध शास्त्र और लोक के बीच का द्वन्द्व है, न कि इस्लाम और हिन्दू धर्म का संघर्ष। यदि इस 'शास्त्रलोक द्वन्द्व' पर किसी मार्क्सवादी पंडित को इसलिए एतराज़ हो कि यह वर्ग-संघर्ष की वैज्ञानिक शब्दावली नहीं है तो उसके परितोष के लिए मार्च, 1946 के 'द मॉडर्न क्वार्टर्ली' (जिल्द 1, संख्या 2, लन्दन) में प्रकाशित जॉन इर्विन के लेख 'द क्लास स्ट्रगिल इन इंडियन हिस्टरी एंड कल्चर' का हवाला देना पर्याप्त है जिसमें उस मार्क्सवादी इतिहासकार ने भारतीय इतिहास के सन्दर्भ में इसी शास्त्रीय ब्राह्मण धर्म और लोक-संस्कृति के संघर्ष को वर्गसंघर्ष के मूल रूप की तरह प्रतिपादित किया है। जॉन इर्विन के अनुसार भारतीय इतिहास में "ऐसे समय आते रहे हैं जब आर्य लोग अपनी आत्मसात् कर लेने की प्रवृत्ति को खो देते रहे हैं और परिणाम यह होता था कि ब्राह्मणवादी निरंकुशता पहले से ही आर्थिक दृष्टि से दलित जनता पर निष्ठुरतापूर्वक लाद दी जाती थी। ऐसी परिस्थिति में संकट अनिवार्य था। दलित जन-शक्तियाँ रूढ़िवाद के स्तर के नीचे वेग से संगठित होने लगती थीं और एक खुले विद्रोह की भूमिका तैयार हो जाती थी। बौद्धधर्म का प्रारम्भिक इतिहास, वस्तुतः, ऐसा ही था जिसने ब्राह्मणवादी कर्मकांड के विरुद्ध जनव्यापी विद्रोह का रूप धारण कर लिया था।" भारतीय इतिहास की इस सामान्य प्रवृत्ति का उल्लेख करने के बाद लेखक ने मध्ययुग के वैष्णव भक्ति आन्दोलन के विशेष सन्दर्भ में लिखा है कि "ये सम्प्रदाय ब्राह्मण धर्म की अनुदारता के विरुद्ध व्यापक जन-विद्रोह के रूप में जनता द्वारा अपनाए गए। ये आन्दोलन रहस्यवादी प्रकृति के थे और व्यक्ति को

जाति तथा रूढ़ियों की परवा किए बिना अपने ढंग से पूर्णता प्राप्त करने का आह्वान करके ब्राह्मणों के पुरोहितवाद को सीधे चुनौती दे रहे थे। इस प्रकार लोक-संस्कृति वह मुख्य माध्यम बन गई जिसके द्वारा यह धार्मिक विद्रोह जनता में फैल गया और कालक्रम से उन आन्दोलनों के समान ही, लोक-संस्कृति उच्चवर्गीय आचारसंहिता की अवज्ञा का साधन बन गई। इसका परिधान हमेशा एक समृद्ध मानववाद रहा जिसमें जीवन की पूर्ण स्वीकृति और ऐन्द्रिय उपभोग का भाव निहित था और इस प्रकार यह भावना तपस्या और उपासना पर बल देनेवाले कट्टरपन्थ के सर्वथा विपरीत थी।'' कहने की आवश्यकता नहीं कि द्विवेदीजी जॉन इर्विन से छह वर्ष पहले ही 'हिन्दी साहित्य की भूमिका' में इसी प्रकार की स्थापनाएँ कर चुके थे।

शास्त्र और लोक के बीच द्वन्द्व की इस प्रक्रिया का आकलन करते हुए द्विवेदीजी ने भारतीय इतिहास की एक और विशेषता की ओर संकेत किया है, वह यह है कि लोक के दबाव में शास्त्र ने कभी-कभी अपने-आपको लचीला बनाकर लोक की बहुत-सी विशेषताओं को अन्तर्भुक्त कर लिया। भारत में उच्चवर्ग के इस वैचारिक लचीलेपन और समझौतावादी रुख का ही यह परिणाम हुआ कि हिंसात्मक विद्रोह की स्थितियाँ बहुत कम उत्पन्न हुईं। इस दृष्टि से भारत की प्राचीन मनीषा अन्य अनेक देशों के बुद्धिजीवियों से अधिक चतुर और व्यवहारकुशल प्रतीत होती है। किन्तु यदि एक ओर 'शास्त्र' ने झुककर लोक की विशेषताओं को अन्तर्भुक्त किया तो दूसरी ओर शास्त्र-वंचित लोक भी अपने अनुभव-संचित विचार-खंडों को सुसंगत और समृद्ध बनाने के लिए 'शास्त्र' का सहारा लेता रहा है। इस दुहरी प्रक्रिया में कभी-कभी एक ऐसे 'लोकधर्म' का निर्माण हुआ है जो व्यापक जन-विद्रोह के लिए वैचारिक आधार का काम करता रहा है। भारतीय इतिहास के सन्दर्भ में द्विवेदीजी द्वारा प्रस्तुत यह 'लोकधर्म' की अवधारणा निश्चय ही बहुत महत्त्वपूर्ण है।

वैसे तो 'लोक-धर्म' शब्द का प्रयोग द्विवेदीजी से पहले शुक्लजी ने भी किया है किन्तु जैसा कि 'तुलसीदास' नामक पुस्तक के 'लोक-धर्म' शीर्षक अध्याय से स्पष्ट है, शुक्लजी का 'लोक-धर्म' बहुत कुछ वर्णाश्रम धर्म ही है। 'भक्ति के नाम पर वेदशास्त्रों की निन्दा करनेवाले' और 'आर्यधर्म के

सामाजिक तत्त्व को न समझकर लोगों में वर्णाश्रम धर्म के प्रति अश्रद्धा उत्पन्न करनेवाले' नीच जातियों के निर्गुणपन्थी भक्तों की जैसी भर्त्सना शुक्लजी ने की है, उससे स्पष्ट है कि शुक्लजी का 'लोक-धर्म' वस्तुतः 'आर्य शास्त्रानुमोदित' सनातन धर्म ही है।

इसके विपरीत 'भूमिका' में जब द्विवेदीजी कहते हैं कि 'बौद्ध धर्म उत्तरोत्तर लोक-धर्म में घुल-मिल रहा था।'' (पृ. 11) तो स्पष्ट है कि सामान्य जन में प्रचलित टोना, टोटका, तन्त्र-मन्त्र, मिथक आदि विश्वासों को ही वे लोक-धर्म मानते हैं। इसी प्रकार 'सूरदास : प्रेरणा और स्रोत' शीर्षक निबन्ध में वे फिर कहते हैं कि ''असल में 'सूरसागर' शास्त्रीय वैष्णव भक्ति शास्त्र से प्रेरणा अवश्य लेता है, पर शास्त्रीय की अपेक्षा लोक-धर्म के अधिक निकट है।'' (*ग्रन्थावली*, 4/152) यहाँ तन्त्र-मन्त्र, टोना, टोटका आदि के अतिरिक्त 'लोक में प्रचलित शाक्त देवियों' के उन अनेक रूपों को भी 'लोक-धर्म' में समेट लिया गया है जिनका प्रभाव सूरसागर में वर्णित गोपियों की बहुविधि लीलाओं के रूप में व्यक्त हुआ। कृष्ण-लीला में 'कदम्ब' के फूल का प्रवेश एक ऐसे ही लोकप्रचलित मिथक-विश्वास का उदाहरण है जो 'लोक-धर्म' का अंग है। इसी प्रकार निर्गुण-भक्ति साधना के स्रोतों पर विचार करते हुए उन्होंने निरंजन, धर्म-पूजा आदि ऐसे अनेक मिथकों और साधना-पद्धतियों का जिक्र किया है जो या तो किसी आदिवासी समाज में प्रचलित थे अथवा नीची समझी जानेवाली किसी जाति के अन्दर उसकी आदिम प्रथा के रूप में अवशिष्ट रह गए थे। उल्लेखनीय है कि संस्कारवश द्विवेदीजी ने इस 'लोक-धर्म' के पहले कभी-कभी 'निकृष्ट' शब्द का भी प्रयोग किया है। जब वे यह कहते हैं कि ''बौद्ध धर्म उत्तरोत्तर लोकधर्म में घुल-मिल रहा था'' तो यह वाक्य बौद्धधर्म के अपकर्ष का सूचक है, उत्कर्ष का नहीं।

किन्तु इस पूर्वग्रह से भी अधिक महत्त्वपूर्ण है 'लोक-धर्म' की शक्ति का स्वीकार। इस दिमागी खुलेपन का सबूत है 'भूमिका' का यह कथन : ''मतों, आचार्यों, सम्प्रदायों और दार्शनिक चिन्ताओं के मानदंड से लोक चिन्ता को नहीं मापना चाहता बल्कि लोक चिन्ता की अपेक्षा में उन्हें देखने की सिफारिश कर रहा हूँ।'' (पृ. 8)

जनसाधारण के जीवन में नाना विश्वासों के रूप में जीवित इस

तथाकथित 'लोक-धर्म' का महत्त्व इस बात में है कि जनता के असन्तोष को विद्रोह का रूप देने के लिए वैचारिक और भावनात्मक शक्ति की भूमिका यही अदा करता है। द्विवेदीजी के साहित्य में भक्ति आन्दोलन की पूर्व पीठिका के रूप में लोक-धर्म की विस्तृत चर्चा का कारण यही है कि वे लोक-धर्म को ही भक्ति आन्दोलन की जन्मभूमि मानते हैं। जब वे यह कहते हैं कि "कबीरदास की वाणी वह लता है जो योग के क्षेत्र में भक्ति का बीज पड़ने से अंकुरित हुई थी" तो संकेत यही है कि योग के रूप में लोक-धर्म 'क्षेत्र' की भूमिका अदा करता है।

इस प्रकार 'लोक-धर्म' साधारण जनों के विद्रोह की विचारधारा है। इसे 'लोक-धर्म' कहने का एक कारण तो यह है कि यह उच्चवर्गों के 'शास्त्र' के समान सूक्ष्मातिसूक्ष्म तर्क-पद्धति से सम्पन्न तथा व्यापक विश्वदृष्टि के रूप में विकसित कोई सुसंगत और सुव्यवस्थित 'विचार-प्रणाली' नहीं है। दूसरा कारण यह है कि यह पूँजीवादी समाज के बीच निर्मित किसी एक सुनिश्चित वर्गचेतन वर्ग की विचार-प्रणाली नहीं, बल्कि सामन्ती युग के असंगठित किसानों और दस्तकारों के विविध वर्गों, उपवर्गों की मिली-जुली भावनाओं का पुंज है। शास्त्र-वंचित विविध दलित जातियों और जनसमूह की मानसिक अभिव्यक्ति होने के कारण इस 'लोक-धर्म' का अव्यवस्थित और अनिश्चित होना अनिवार्य है, और इसलिए उच्चवर्गों के शास्त्र की तुलना में वह हीनतर भी प्रतीत हो सकता है किन्तु सिर्फ इसीलिए वह महत्त्वहीन नहीं हो जाता।

जैसा कि द्विवेदीजी ने 'भूमिका' में 'सन्त मत' के प्रसंग में कहा है, "सच पूछा जाए तो शास्त्रज्ञान, तत्त्वज्ञान के मार्ग में सब समय सहायक ही नहीं होता और कभी-कभी तो उस युग की तथोक्त नीच जातियों से आए हुए महापुरुषों का तर्कजाल से मुक्त होना श्रेयस्कर जान पड़ता है। इन संस्कारों से वंचित रहने के कारण ही वे सब जगह से सहज सत्य को सहज ही ले सकते थे। वे रूढ़ियों और मिथ्या विश्वास के शिकार नहीं हुए। वे उस बेमतलब की निजत्व-बुद्धि के भी शिकार नहीं हुए जो दूसरों की लिखी हुई बात को तोड़-मरोड़ कहने में दूसरों से ग्रहण करने के महादोष से अपने को मुक्त समझती है।" (पृ. 36)

इस प्रकार परिस्थितिवश शासक वर्ग की विचारधारा के प्रभाव से बहुत कुछ मुक्त रहने के कारण 'लोक-धर्म' शास्त्र से हीन प्रतीत होते हुए भी उसका 'विकल्प' बनकर उपस्थित होता है और यही उसकी शक्ति है। लोक-धर्म का प्राण उसका विद्रोह है। इसलिए दमनकारी व्यवस्था के विरुद्ध विद्रोह के रूप में खड़े होनेवाले प्रत्येक जनआन्दोलन की शक्ति और सीमा को समझने के लिए उसके द्वारा मान्य ऐसे 'लोक-धर्म' का अध्ययन आवश्यक है।

इसीलिए अन्तोनियो ग्राम्शी ने जेल की लम्बी सजा काटते हुए अपनी 'नोट बुक' में इस समस्या पर गहराई से विचार किया। जबकि उन दिनों अधिकांश मार्क्सवादी शासक वर्ग के वैचारिक 'प्रभुत्व' का जवाब देने के लिए मजदूर वर्ग की 'विचार-प्रणाली' के विकास पर जोर दे रहे थे, ग्राम्शी ने किसानों और कारीगरों जैसे 'परम्परित' वर्गों की वैचारिक आवश्यकताओं की ओर ध्यान देने का आग्रह किया। इस दृष्टि से उन्होंने बतलाया कि सामान्य जनों के प्रचलित विचार अपेक्षाकृत सरल और अल्प-संघटित होते हैं, अक्सर वे परस्पर-विरोधी और उलझे हुए भी होते हैं और उनमें लोकवार्ताओं, मिथकों और रोजमर्रा के लोकप्रचलित अनुभवों का पँचमेल होता है; फिर भी उन विचारों का बहुत महत्त्व है क्योंकि व्यापक जन-आन्दोलन के लिए यही कारगर होते हैं। इस सन्दर्भ में ग्राम्शी ने यह भी कहने का साहस दिखलाया कि मार्क्स द्वारा निरूपित 'आइडियालोजी' की क्लासिकी अवधारणा इन जन-आन्दोलनों की लोकप्रिय विचारधारा को समझने में बहुत काम की साबित नहीं हो सकती। वस्तुतः किसी जन-विद्रोह की लोकप्रिय विचारधारा का मूल्यांकन 'ऐतिहासिक' दृष्टि से ही उचित है, 'तात्त्विक' दृष्टि से नहीं।

इस दृष्टि से देखने पर स्पष्ट है कि सिद्धों, योगियों, निर्गुण सन्तों और सगुण भक्तों के विचारों में पंडितों ने जो असंगतियाँ दिखाई हैं, वे सर्वथा अनुचित हैं। इस प्रक्रिया में पंडितों की झुँझलाहट, कठिनाई, बेबसी और भर्त्सना भलीभाँति समझ में आ जाती है जब योगियों और भक्तों की विचारधारा परम्परागत वेदान्त की विभिन्न दर्शन प्रणालियों में से किसी के चौखटे में पूरी तरह फिट नहीं आती। इसीलिए आज भी पंडित मंडली इन

प्रश्नों को लेकर असमंजस में पड़ी है कि कबीर का अपना दर्शन क्या था, कुछ था भी या नहीं? जायसी सूफी मत से कितने प्रभावित थे और यदि थे तो किस सूफी सम्प्रदाय से? सूरदास के कुछ पद वल्लभाचार्य के पुष्टि मार्ग से क्यों बाहर पड़ते हैं? तुलसीदास अद्वैतवादी हैं या विशिष्टाद्वैतवादी? कहने की आवश्यकता नहीं कि ये सारे प्रश्न 'तात्त्विक' समीक्षा की दृष्टि से उत्पन्न हुए हैं और इस दृष्टि में खतरा यह है कि अपने प्रिय सन्त या भक्त में तो श्रम करके किसी तरह संगति बैठा ली जाती है, लेकिन जो पसन्द नहीं है वह अन्ततः भर्त्सना का शिकार होता है। शुक्लजी ने इसी दृष्टि से कबीर के विचारों को खिचड़ी कहा और तुलसी के अद्वैतवादी तथा विशिष्टाद्वैतवादी विचारों में एक संगति ढूँढ़ ली। दूसरी ओर द्विवेदीजी ने कबीर के परस्पर-विरोधी विचारों में भी एक संगति बैठाने का प्रयास किया। इस विवाद में कुछ मार्क्सवादी आलोचकों का रुख विशेष रूप से विचारणीय है, जिन्होंने शुक्लजी का समर्थन करते हुए योगियों के साथ-साथ कबीर के रहस्यवाद की आलोचना की और जायसी के रहस्यवाद में प्रशंसा के लिए अलौकिकता के अन्दर लौकिकता के तत्त्व निकाल लिए। लेकिन जैसा कि ग्राम्शी ने कहा है, प्रश्न इस तथाकथित 'रहस्यवाद' की तात्त्विक समीक्षा का उतना नहीं, जितना 'ऐतिहासिक' समीक्षा का है। रहस्यवाद 'तात्त्विक' दृष्टि से लोकविरोधी और बुद्धिविरोधी होने के कारण एक गलत विचारधारा हो सकती है, किन्तु जरूरी नहीं कि किसी निश्चित ऐतिहासिक सन्दर्भ में भी उसकी वही लोकविरोधी भूमिका हो। यह तथ्य है कि मध्ययुगीन सामन्ती-पुरोहिती उत्पीड़न के वातावरण में विभिन्न देशों के अनेक रहस्यवादी सन्तों ने विद्रोह का झंडा बुलन्द किया और इस तरह के अधिकांश विद्रोही सन्त तत्त्वतः रहस्यवादी ही थे। इसलिए हिन्दी के योगियों और सन्तों के रहस्यवाद का मूल्यांकन भी इसी ऐतिहासिक दृष्टि से समीचीन है।

विचित्र विडम्बना है कि निरन्तर 'तात्त्विक' चिन्तन की चुनौती झेलते हुए भी द्विवेदीजी ने अपने समकालीन अनेक मार्क्सवादी आलोचकों की तुलना में योगियों और सन्तों के रहस्यवाद के मूल्यांकन में अधिक ऐतिहासिक दृष्टि का परिचय दिया। प्रसंगवश, योगियों और सन्तों की जिस विचारधारा को प्रायः 'रहस्यवाद' की संज्ञा दी गई, द्विवेदीजी ने प्रायः इस

सन्दर्भ में उस शब्द के इस्तेमाल से परहेज किया। अपनी 'लोकधर्म' की अवधारणा के अनुसार उन्होंने योगियों और सन्तों की 'सहज साधना' में किसी प्रकार की रहस्य साधना के स्थान पर एक अनुभवसम्मत विवेकपूर्ण जीवन-दृष्टि के दर्शन किए। 'सहज साधना' (1963) नामक पुस्तक में उन्होंने इस जीवन-दृष्टि का विवेचन करते हुए 'पारखपद' और 'अनभै साँचा' जैसे शब्दों के आधार पर यह दिखलाने की कोशिश की है कि सन्तों का बल अनुभव-सत्य और अनभय-सत्य पर था, इसीलिए वे 'कागद की लेखी' न कहकर 'आँखिन देखी' कहने के विश्वासी थे। इसी कारण वे अपने ज्ञान को 'सुच्छमवेद' कहते थे जो एक तरह से स्थूल वेद के विरुद्ध 'सूक्ष्मवेद' था, किन्तु मूलतः स्वसंवेद्य ज्ञान था। इस अनुभववादी ज्ञानमीमांसा की परिणति अन्ततः 'पारख पद' में होती थी जिसका अर्थ है अनुभव से प्राप्त ज्ञान की बुद्धि द्वारा परीक्षा। यदि यह व्याख्या सही है तो रहस्यवादी कहे जानेवाले सन्त वस्तुतः अनुभववादी और विवेकवादी ठहरते हैं। उन्हें ज्ञानी कहने का कारण भी सम्भवतः यही है। इसी अनुभववाद और विवेकवाद के अस्त्र से उन्होंने जाति-पाँति, छुआछूत और ऊँच-नीच के भेदभाव पर चोट की थी। कहने की आवश्यकता नहीं कि यह अनुभवसम्मत विवेकवाद 'लोकधर्म' का सहज स्वभाव है।

लोकधर्म की प्रकृति की सही पहचान के कारण ही द्विवेदीजी को यह घोषित करने में कोई हिचक नहीं हुई कि भक्ति आन्दोलन विराट 'जन-आन्दोलन' था। (भूमिका, पृ. 57) इसीलिए वे हिन्दी साहित्य का 'वास्तविक आरम्भ' भक्ति आन्दोलन से मानते हैं, न कि औरों की तरह तथाकथित वीरगाथाओं से। इस तरह वे विद्यापति की समस्या का भी समाधान ढूँढ़ लेते हैं, जिन्हें आचार्य शुक्ल ने वीरगाथा काल के फुटकल खाते में डाल रखा था। विद्यापति असन्दिग्ध रूप से आधुनिक भाषाओं में 'लिरिक' के पहले महान कवि थे। अब यदि ऐसा कवि साहित्यिक इतिहास के अन्तर्गत एक काल के फुटकल खाते में स्थान पाए तो क्या उस काल-विभाजन का समूचा सिद्धान्त ही सन्दिग्ध नहीं हो जाता? द्विवेदीजी की दृष्टि में विद्यापति संक्रमण काल के ऐसे महत्त्वपूर्ण कवि हैं जिनका एक पाँव अपनी अवहट्ट कृति 'कीर्तिलता' के कारण आदिकाल में है तो दूसरा देशी भाषा में लिखित राधाकृष्ण लीला

के सरस पदों की 'पदावली' के कारण भक्ति काव्य में। इस प्रकार द्विवेदीजी की इतिहास-योजना में विद्यापति हिन्दी साहित्य की प्राणधारा के मुख्य प्रवाह में हैं।

किन्तु साहित्य की प्राणधारा के साथ एक समस्या यह उठती है कि प्राणधारा के अन्तर्गत अनेक अन्तर्धाराएँ होती हैं जिनमें परस्पर सहभाव के साथ कभी-कभी टकराव की भी सम्भावना होती है। सवाल इन अन्तर्धाराओं के पारस्परिक सम्बन्धों के निर्धारण और सापेक्षिक मूल्यांकन का है। उदाहरण के लिए द्विवेदीजी ने जहाँ 'भूमिका' के अन्तर्गत 'मध्ययुग के सन्तों का सामान्य विश्वास' निरूपित करके भक्ति आन्दोलन के समान तत्त्वों पर बल दिया है, वहीं अगले अध्याय में 'भक्तिकाल के प्रमुख कवियों का व्यक्तित्व' भी अलग-अलग निरूपित किया है। यद्यपि व्यक्तित्व-निरूपण में प्रायः सभी कवियों के विधेयात्मक पक्षों का ही उल्लेख है, फिर भी तारतमिक दृष्टि से देखने पर यह बात छिपी नहीं रहती कि द्विवेदीजी की दृष्टि में निर्गुण भक्ति के कवियों के सामाजिक विचार अधिक प्रगतिशील थे। यह मत स्पष्टतः आचार्य शुक्ल की स्थापनाओं के विरुद्ध हैं जिनके अनुसार निर्गुण भक्त लोक-विरोधी थे और सगुण भक्त लोक-संग्रही और उनमें भी सूरदास में केवल लोकरंजन का पक्ष ही आ सका। कहने की आवश्यकता नहीं कि शुक्लजी के समर्थक बड़े-से-बड़े प्रगतिशील आलोचक के लिए भी शुक्लजी की इन स्थापनाओं से पूरी तरह सहमत होना कठिन है। ऐसी हालत में इधर अक्सर कहा जाने लगा है कि भक्ति आन्दोलन के अन्तर्गत अन्तर्विरोधों का प्रश्न न उठाकर समान तत्त्वों पर बल देना ही उचित है।

इसी तरह देखा जाए तो छायावाद के कवियों में भी जितनी समानताएँ हैं उतनी असमानताएँ नहीं और कुछ लोगों की दृष्टि में अज्ञेय-मुक्तिबोधवाली सम्मिलित नई कविता के आन्दोलन की भी स्थिति बहुत कुछ समान ही होगी। फिर भी यह तथ्य है कि छायावाद तथा नई कविता में निहित अन्तर्विरोधों का उल्लेख किया जाता है। फिर भक्ति आन्दोलन के अन्तर्विरोधों पर ही परदा क्यों डाला जाए? इस प्रसंग में मई, 1955 की 'नई दिशा' में प्रकाशित गजानन माधव मुक्तिबोध का निबन्ध 'मध्ययुगीन भक्ति-आन्दोलन का एक पहलू' अत्यन्त महत्त्वपूर्ण है। मुक्तिबोध की मुख्य

स्थापना यह है कि निचली जातियों के बीच से पैदा होनेवाले सन्तों के द्वारा निर्गुण भक्ति के रूप में भक्ति आन्दोलन एक क्रान्तिकारी आन्दोलन के रूप में पैदा हुआ किन्तु आगे चलकर ऊँची जातिवालों ने इसकी शक्ति को पहचानकर इसे अपनाया और क्रमशः उसे अपने विचारों के अनुरूप ढालकर कृष्ण और राम की सगुण भक्ति का रूप दे डाला जिससे उसके क्रान्तिकारी दाँत उखाड़ लिए गए। इस प्रक्रिया में कृष्णभक्ति में तो कुछ क्रान्तिकारी तत्त्व बचे रह गए लेकिन रामभक्ति में जाकर तो रहे-सहे तत्त्व भी गायब हो गए। अपने मत की पुष्टि में उन्होंने ये प्रश्न उठाए हैं : "क्या यह एक महत्त्वपूर्ण तथ्य नहीं है कि रामभक्ति शाखा के अन्तर्गत, एक भी प्रभावशाली और महत्त्वपूर्ण कवि निम्नजातीय शूद्र वर्गों से नहीं आया! क्या यह एक महत्त्वपूर्ण तथ्य नहीं है कि कृष्णभक्ति शाखा के अन्तर्गत रसखान और रहीम जैसे हृदयवान मुसलमान कवि बराबर रहे आए, किन्तु रामभक्ति शाखा के अन्तर्गत एक भी मुसलमान और एक भी शूद्र कवि, प्रभावशाली और महत्त्वपूर्ण रूप से अपनी काव्यात्मक प्रतिभा विशद नहीं कर सका?...क्या कारण है कि तुलसीदास भक्ति आन्दोलन के प्रधान (हिन्दी क्षेत्र में) अन्तिम कवि थे?" (*नई कविता का आत्मसंघर्ष तथा अन्य निबन्ध,* पृ. 90-91)

इस प्रश्नों के उत्तर इसी धारणा की ओर ले जाते हैं कि इन सबके लिए भक्ति आन्दोलन पर उच्चवंशी उच्चजातीय वर्गों का प्रभुत्व जिम्मेदार है और अन्ततः भक्ति आन्दोलन की शिथिलता तथा समाप्ति के लिए भी वही दोषी है। इस विवेचन से भक्तिकाल के बाद रीतिकाव्य के उदय का कारण भी स्पष्ट हो जाता है। यदि आरम्भ के शास्त्र-निरपेक्ष निर्गुण काव्य की शास्त्र-सापेक्ष सगुण परिणति की ओर ध्यान दें तो शास्त्रीयतावाद के पुनरुत्थान के रूप में रीतिकाव्य के प्रसार की भी संगति लग जाती है।

इस सन्दर्भ में द्विवेदीजी द्वारा बार-बार दुहराया जानेवाला यह फिकरा विचारणीय हो जाता है कि एक बार शास्त्र का सहारा पाकर यह मत इस सिरे से उस सिरे तक फैल गया। यह बात उन्होंने कबीर के सन्दर्भ में भी कही है और सूर के सन्दर्भ में भी, यही नहीं बल्कि रीतिकाव्य के सन्दर्भ में भी उन्होंने 'भूमिका' में यही लिखा है कि "इस विशेष काल में जब शास्त्रचिन्ता लोकचिन्ता का रूप धारण करने लगी थी, वह पुरानी लोक

काव्यधारा शास्त्रीय मत के साथ मिलकर देखते-देखते विशाल रूप ग्रहण कर गई।" (पृ. 125) यदि शास्त्र की सहायता को प्रचार-प्रसार के लिए उपयोगी मान भी लें तो इससे यह प्रमाणित नहीं होता कि शास्त्र का प्रभाव लोकधर्म के लिए घातक नहीं है। निर्गुण सन्तों की चर्चा के प्रसंग में द्विवेदीजी जिस प्रकार उनका शास्त्र-वंचित होना शुभ समझते हैं, उससे स्पष्ट है कि वे शास्त्रों के घातक प्रभाव से भलीभाँति परिचित हैं, फिर भी यदि अन्य प्रसंगों में उस बात को भूल जाते हैं तो इसे प्राणधारा के वेग का ही फल कहा जाएगा। शायद यही वजह है कि जितने विश्वसनीय ढंग से वे हिन्दी साहित्य की प्राणधारा का दिग्दर्शन कराते हैं, अन्तर्धाराओं के अन्तर्विरोध का निरूपण उतनी स्पष्टता से करते प्रतीत नहीं होते। शायद इसका एक कारण यह हो कि कम-से-कम भक्ति आन्दोलन में उत्तरोत्तर शास्त्र का सहारा लेनेवाली कृतियाँ साहित्यिक दृष्टि से श्रेष्ठतर होती गईं। यह भी एक विरोधाभास ही है कि शास्त्र-संवलित होकर साहित्य जिस मात्रा में सामाजिक दृष्टि से लोक-विमुख तथा लोक-विरोधी विचारों की ओर विचलित होता गया, काव्य-भाषा तथा काव्य-कला की दृष्टि से उसी मात्रा में समृद्धतर होता गया। कबीर से चलकर क्रमशः जायसी, सूर और तुलसी तक के विकास का मूल्यांकन इस दृष्टि से रोचक हो सकता है। किन्तु यह प्रश्न न तो मुक्तिबोध ने उठाया है और न द्विवेदीजी ने ही, इसलिए महत्त्वपूर्ण होते हुए भी प्रस्तुत प्रसंग में इसकी चर्चा अप्रासंगिक होगी।

संस्कृति और सौन्दर्य

'अशोक के फूल' केवल एक फूल की कहानी नहीं, भारतीय संस्कृति का एक अध्याय है; और इस अध्याय का अनंगलेख पढ़नेवाले हिन्दी में पहले व्यक्ति हैं हजारीप्रसाद द्विवेदी। पहली बार उन्हें ही यह अनुभव हुआ कि "एक-एक फूल, एक-एक पशु, एक-एक पक्षी न जाने कितनी स्मृतियों का भार लेकर हमारे सामने उपस्थित है। अशोक की भी अपनी स्मृति-परम्परा है। आम की भी है, बकुल की भी है, चम्पे की भी है। सब क्या हमें मालूम है? जितना मालूम है उसी का अर्थ क्या स्पष्ट हो सका है?" अब तो खैर हिन्दी में फूलों पर 'ललित' लेख लिखनेवाले कई लेखक निकल आए हैं, लेकिन कहने की आवश्यकता नहीं कि 'अशोक के फूल' आज भी अपनी जगह है। कालिदास के प्रेमी पंडितों को पहली बार इस रहस्योद्घाटन से अवश्य ही धक्का लगा होगा कि जिस कवि को वे अब तक अपनी आर्य संस्कृति का महान गायक समझते आ रहे थे वह गन्धर्व, यक्ष, किन्नर आदि आर्येतर जातियों के विश्वासों और सौन्दर्य-कल्पनाओं का सबसे अधिक ऋणी है। वैसे तो भारत को 'महामानव सागर' कहनेवाले रवीन्द्रनाथ ठाकुर एक

अरसे से यह बतलाते आ रहे थे कि जिसे हम हिन्दू रीतिनीति कहते हैं वह अनेक आर्य और आर्येतर उपादानों का मिश्रण है, किन्तु यही सन्देश 'अशोक के फूल' के माध्यम से आया तो उसकी चोट कुछ और ही थी। क्या इसलिए कि यह मनोजन्मा कन्दर्प के धनुष से छूटा है? फूल की मार कितनी गहरी हो सकती है इसका एहसास कराने के लिए 'अशोक के फूल' के ये दो वाक्य काफी हैं : ''देश और जाति की विशुद्ध संस्कृति केवल बात की बात है। सबकुछ में मिलावट है, सबकुछ अविशुद्ध है।'' और सच कहा जाए तो आर्य संस्कृति की शुद्धता के अहंकार पर चोट करने के लिए ही 'अशोक के फूल' लिखा गया है, प्रकृति-वर्णन करने के लिए नहीं। यह निबन्ध द्विवेदीजी के शुद्ध पुष्प-प्रेम का प्रमाण नहीं, बल्कि संस्कृति-दृष्टि का अनूठा दस्तावेज है।

अब तो भारत की 'सामासिक संस्कृति' की दिन-रात माला जपनेवाले बहुतेरे हो गए हैं। दिनकरजी ने तो 'संस्कृति के चार अध्याय' नाम से एक विशाल ग्रन्थ ही लिख डाला; किन्तु जैसा कि अज्ञेय ने लिखा है : ''काव्य की पड़ताल में तो दिनकर 'शुद्ध' काव्य की खोज में लगे थे, लेकिन संस्कृति की खोज में उनका आग्रह 'मिश्र संस्कृति' पर ही था—**चार अध्याय** भारतीय संस्कृति की मिश्रता को ही उजागर करने का प्रयत्न है, उसकी संग्राहकता को नहीं। संस्कृति का चिन्तन करनेवाले किसी भी विद्वान के सामने यह बात स्पष्ट होनी चाहिए कि संस्कृतियाँ प्रभाव ग्रहण करती हैं, अपने अनुभव को समृद्धतर बनाती हैं, लेकिन यह प्रक्रिया मिश्रण की नहीं है। संस्कार नाम ही इस बात को स्पष्ट कर देता है। यह मानना कठिन है कि संस्कृति की यह परिभाषा दिनकर की जानी हुई नहीं थी; उनका जीवन भी कहीं उस मिश्रता को स्वीकार करता नहीं जान पड़ता था, जिसकी वकालत उन्होंने की। तब क्या यह सन्देह संगत नहीं कि उनकी अवधारणा एक वकालत ही थी, दृष्टि का उन्मेष नहीं? और अगर वकालत ही थी तो उनका मुवक्किल क्या समकालीन राजनीति का एक पक्ष ही नहीं था, जिसके सांस्कृतिक कर्णधार स्वयं भी मिश्रता का सिद्धान्त नहीं मानते थे, लेकिन अपनी स्थिति दृढ़तर बनाने के लिए उसे अपना रहे थे?'' (*स्मृतिलेखा,* पृ. 118)

इस 'मिश्र संस्कृति' की राजनीति से द्विवेदीजी कितने अलग थे, इसका प्रमाण यह है कि स्वाधीनताप्राप्ति के बाद जब से राष्ट्रीय स्तर पर अनुमोदित

और प्रोत्साहित नीति के रूप में 'सामासिक संस्कृति' का बोलबाला हुआ, द्विवेदीजी ने इस विषय पर लिखना लगभग बन्द कर दिया। स्पष्ट है कि वे 'मिश्र संस्कृति' के वकील न थे और न एक वकील की तरह अपने पक्ष के लिए इतिहास से तथ्य बटोरने ही गए थे। उन्होंने तो उस अनुभूति को वाणी दी जो अपने अतीत के साहित्य को पढ़ते और कलाकृतियों को देखते समय अन्तर्तम में उठी थी; और इस बात से तो सम्भवतः अज्ञेय भी इनकार न करेंगे कि द्विवेदीजी के लिए वह एक अमूर्त बौद्धिक 'अवधारणा' नहीं थी, बल्कि 'दृष्टि का उन्मेष' था। इसीलिए जब द्विवेदीजी कहते हैं कि 'सबकुछ अविशुद्ध है', तो तुरन्त बाद यह भी जोड़ते हैं कि "शुद्ध है केवल मनुष्य ही जिजीविषा। वह गंगा की अबाधित-अनाहत धारा के समान सबकुछ को हजम करने के बाद भी पवित्र है!"

इस सन्दर्भ में उल्लेखनीय है कि अज्ञेय जहाँ संस्कृति की केवल 'संग्राहकता' की हिमायत करते हैं, वहाँ द्विवेदीजी 'त्याग' का जिक्र करना नहीं भूलते। 'अशोक के फूल' में ही, उसी अनुच्छेद के अन्तर्गत एक द्रष्टा की तरह 'मानव जाति की दुर्दम-निर्मम धारा के हजारों वर्ष का रूप साफ' देखते हुए वे कहते हैं : "मनुष्य की जीवनी-शक्ति बड़ी निर्मम है, वह सभ्यता और संस्कृति के वृथा मोहों को रौंदती चली आ रही है। न जाने कितने धर्माचारों, विश्वासों, उत्सवों और व्रतों को धोती-बहाती यह जीवनधारा आगे बढ़ी है। संघर्षों से मनुष्य ने नई शक्ति पाई है। हमारे सामने समाज का आज जो रूप है वह न जाने कितने **ग्रहण** और **त्याग** का रूप है।"

इसलिए द्विवेदीजी के सामने योजनाबद्ध रूप से एक 'मिश्र संस्कृति' तैयार करने की समस्या नहीं है, समस्या यह है कि "आज हमारे भीतर जो मोह है, संस्कृति और कला के नाम पर जो आसक्ति है, धर्माचार और सत्यनिष्ठा के नाम पर जो जड़िमा है" उसे किस प्रकार ध्वस्त किया जाए?

इस दृष्टि से यदि दिनकर की 'मिश्र संस्कृति' की एक राजनीति है तो अज्ञेय की संस्कार-धर्मी संग्राहक संस्कृति भी किसी और राजनीति के अनुषंग से बच नहीं जाती। जब वे कहते हैं कि संस्कृतियाँ प्रभाव ग्रहण करती हैं, अपने अनुभव को समृद्धतर बनाती हैं तो उसमें एक 'मूल संस्कृति' का अस्तित्व पहले ही से स्वीकार कर लिया गया है जो किसी प्रभाव से पहले

'विशुद्ध' है। आकस्मिक नहीं है कि अज्ञेय द्वारा स्थापित वत्सल निधि की 'हीरानन्द शास्त्री स्मारक व्याख्यानमाला' के प्रथम आयोजन में प्रकाशित 'भारतीय परम्परा के मूल स्वर' में डॉ. गोविन्दचन्द्र पांडे भी लगभग ऐसे ही शब्दों में 'सामासिक संस्कृति' का विरोध करते हैं। डॉ. पांडे यह स्वीकार करते हैं कि "विज्ञान, प्रविधि और भौतिक उपादानों के स्तर पर नाना समाजों में आदान-प्रदान अनायास और चिरपरिचित है; [और] इन साधनों का उपयोग समाज को प्रभावित करता है।" किन्तु इसके साथ ही वे यह भी मानते हैं कि "अतर्क्य भावों, अनुभूतियों और आध्यात्मिक उपलब्धियों के स्तर पर संस्कृतियों का वास्तविक मिलन अत्यन्त कठिन होता है।" (पृ. 18-19) कुल मिलाकर "इस विमर्श का निष्कर्ष यह है कि भारतीय संस्कृति की तथाकथित सामासिकता वास्तव में सभ्यता के क्षेत्र में ही लागू होती है और इस क्षेत्र में वह भारत की कोई विशेषता नहीं है।" (पृ. 20)

सवाल यह है कि 'सभ्यता' और 'संस्कृति' की जिन दो यूरोपीय अवधारणाओं को डॉ. पांडे ने भारत की संस्कृति के विवेचन के लिए अपनाया है, उनका सम्बन्ध 'सभ्यता' से है या संस्कृति से? आदान-प्रदान यदि सभ्यता के ही क्षेत्र में सम्भव होता है तो फिर भारतीय चिन्तन में ये पाश्चात्य अवधारणाएँ कैसे शामिल हो गईं? वस्तुतः अवधारणा के रूप में 'संस्कृति' को स्वीकार करने के साथ ही डॉ. पांडे ने यह स्वीकार कर लिया कि संस्कृति के क्षेत्र में भी आदान-प्रदान होता है। फिर भी जिस तरह 'राष्ट्रीय स्तर पर अनुमोदित और प्रोत्साहित सामासिक संस्कृति' का विरोध डॉ. पांडे ने किया है उसे किसी अन्य पक्ष की राजनीति की वकालत न मानना अज्ञेय के लिए भी कठिन होगा। तर्क वही है जिसका इस्तेमाल उन्होंने दिनकर के सन्दर्भ में किया है। यदि दिनकर की 'सामासिक संस्कृति' का सम्बन्ध राजनीति के एक पक्ष से है तो स्वयं अज्ञेय और गोविन्दचन्द्र पांडे की 'शुद्ध संस्कृति' का सम्बन्ध भी राजनीति के दूसरे पक्ष से जोड़ा जा सकता है। शुद्ध होने से ही वह राजनीति से मुक्त नहीं हो जाती।

द्विवेदीजी की दृष्टि में संस्कृति का यह आग्रह भी एक प्रकार का 'मोह' है जो बाधा उपस्थित करता है। संस्कृति में निहित जिस 'संस्कार' की ओर

अज्ञेय ने संकेत किया है, उसकी अर्थवत्ता से द्विवेदीजी अपरिचित हैं, यह तो स्वयं अज्ञेय भी न स्वीकार करेंगे; फिर भी उन्हें यह देखकर आश्चर्य न होना चाहिए कि उन्होंने अक्सर इस 'संस्कार' को भी बाधा माना है। लखनऊ विश्वविद्यालय के 'साहित्य का मर्म' (1948) शीर्षक व्याख्यानों में उनका जोर इसी बात पर है कि विवेक के परिष्करण के लिए किए गए संस्कार भी काल पाकर किसी नए सृजन के ग्रहण के लिए बाधा बन जाते हैं। कहते हैं : " 'संस्कार' शब्द का प्रयोग करते समय मुझे थोड़ा संकोच ही हो रहा है। संस्कार शब्द अच्छे अर्थ में ही प्रयुक्त होता है, परन्तु मनुष्य स्वभाव से ही प्राचीन के प्रति श्रद्धापरायण होता है और प्राचीन काल से सम्बद्ध होने के कारण कुछ ऐसी धारणाओं को श्रद्धा की दृष्टि से देखने लगता है जो जब शुरू हुई होंगी तो निश्चय ही उपयोगी रही होंगी परन्तु बाद में उनकी उपयोगिता घिस गई और वे रूढ़ि मात्र रह गईं। ऐसे संस्कार सब समय बृहत्तर मानव पट भूमिका पर खरे नहीं उतरते।" इन कालगत संस्कारों की चर्चा करने के बाद वे उन देशगत और जातिगत संस्कारों की ओर भी संकेत करते हैं जो "अन्य देश और अन्य जाति के विश्वासों पर आधारित साहित्य को समझने में बाधक होते हैं।" प्रसंग यद्यपि साहित्य का है फिर भी संस्कार की यह भूमिका संस्कृति के क्षेत्र में भी स्वीकार की जा सकती है। इस प्रकार स्पष्ट है कि संस्कार के उल्लेख मात्र से संस्कृति के क्षेत्र में दृष्टिगत होनेवाली संकीर्णता का परिहार नहीं हो जाता। 'संस्कार' की प्रक्रिया अन्ततः संस्कृति के क्षेत्र में उस शुद्धीकरण की ओर ले जाती है जिसकी परिणति **वर्जनशीलता** में होती है—यह वही 'वर्जनशीलता' है जिस पर भारतीय संस्कृति के बहुत से हिमायतियों को अभिमान है। 'हमारे यहाँ' वाला ब्रह्मास्त्र इस वर्जनशील अहंकार की उपज है, जिसका मुकाबला द्विवेदीजी को अक्सर करना पड़ा था।

बहुत क्लेश होने पर ही 'हिन्दी साहित्य की भूमिका' के उपसंहार में उन्होंने लिखा : "आए दिन श्रद्धापरायण आलोचक यूरोपियन मतवादों को धकिया देने के लिए भारतीय आचार्य-विशेष का मत उद्धृत करते हैं और आत्मगौरव के उल्लास से घोषित कर देते हैं कि 'हमारे यहाँ' यह बात इस रूप में मानी या कही गई है। मानो भारतवर्ष का मत केवल वही एक आचार्य

उपस्थापित कर सकता है, मानो भारतवर्ष के हजारों वर्ष के सुदीर्घ इतिहास में नाम लेने योग्य एक ही कोई आचार्य हुआ है, और दूसरे या तो हैं ही नहीं, या हैं भी तो एक ही बात मान बैठे हैं। यह रास्ता गलत है। किसी भी मत के विषय में भारतीय मनीषा ने गड्डलिका-प्रवाह की नीति का अनुसरण नहीं किया है। प्रत्येक बात में ऐसे बहुत से मत पाए जाते हैं जो परस्पर एक दूसरे के विरुद्ध पड़ते हैं।'' (पृ. 129)

पंडितों की समझ का यह इकहरापन द्विवेदीजी की दृष्टि में एक बड़ी बाधा है। इस संकीर्ण इकहरेपन के खिलाफ संघर्ष करते हुए उन्होंने भारतीय संस्कृति की विविधता, जटिलता, परस्पर विरोधी जीवन्तता और समृद्धि का पुनः सृजन किया। भारतीय संस्कृति के अन्तर्गत आर्येतर जातियों के अवदान की उल्लसित चर्चा का कारण यही है। यदि इस प्रयास में कहीं आर्य-श्रेष्ठता के अहंकार को ठेस लगती है तो द्विवेदीजी इस बात से चिन्तित नहीं दिखते। वस्तुतः यह दूसरी परम्परा की खोज का प्रयास है जिसका प्रयोजन मुख्यतः पंडितों की इकहरी परम्परा की संकीर्णता का निदर्शन है।

प्रसंगवश द्विवेदीजी के इस प्रयास की एक परम्परा हिन्दी में पहले से दिखाई पड़ती है। एक दशक पहले जयशंकर प्रसाद को भी ऐसे ही भारत-व्याकुल लोगों से पाला पड़ा था, जिनके जवाब में कवि को 'काव्य और कला' तथा 'रहस्यवाद' आदि निबन्ध लिखने पड़े थे। नए काव्य-प्रयोगों की 'प्रतिक्रिया के रूप में' उन्हें भी 'भारतीयता की दुहाई' सुनाई पड़ी थी। 'काव्य और कला' निबन्ध का आरम्भ ही इस प्रकार होता है कि 'भारतीय वाङ्मय की', ''सुरुचि-सम्बन्धी विचित्रताओं को बिना देखे ही अत्यन्त शीघ्रता में आजकल अमुक वस्तु अभारतीय है अथवा भारतीय संस्कृति की सुरुचि के विरुद्ध है, कह देने की परिपाटी चल पड़ी है।'' प्रसाद ने भी यह लक्षित किया था कि ''ये सब भावनाएँ साधारणतः हमारे विचारों की **संकीर्णता** से और प्रधानतः अपनी **स्वरूप-विस्मृति** से उत्पन्न हैं।'' यह संकीर्णता और स्वरूप-विस्मृति अपनी परम्परा के ऐतिहासिक और वैज्ञानिक विवेचन से ही दूर हो सकती है। किन्तु प्रसाद ने अनुभव किया कि ''इसका ऐतिहासिक और वैज्ञानिक विवेचन होने की सम्भावना जैसी पाश्चात्य साहित्य में है, वैसी भारतीय साहित्य में नहीं। उनके पास अरस्तू से लेकर वर्तमान काल तक की

सौन्दर्यानुभूति-सम्बन्धिनी विचारधारा का क्रमविकास और प्रतीकों के साथ-साथ उनका इतिहास तो है ही, सबसे अच्छा साधन उनकी अविच्छिन्न सांस्कृतिक एकता भी है। हमारी भाषा के साहित्य में वैसा सामंजस्य नहीं है। बीच-बीच में इतने अभाव या अन्धकार काल हैं कि उनमें कितनी ही विरुद्ध संस्कृतियाँ भारतीय रंग स्थल पर अवतीर्ण और लोप होती दिखाई देती हैं, जिन्होंने हमारी सौन्दर्यानुभूति के प्रतीकों को अनेक प्रकार से विकृत करने का ही उद्योग किया है।"

अपनी परम्परा में इस अभाव और अन्धकारकाल के बावजूद प्रसाद ने 'रहस्यवाद' शीर्षक निबन्ध में सौन्दर्यानुभूति की परम्परा को पुनर्निर्मित करने का प्रयास किया। इस परम्परा का आरम्भ भी ऋग्वेद से ही होता है, किन्तु यह आर्यजन की वह परम्परा है जिसके प्रतिनिधि इन्द्र हैं और जिसमें 'काम' की पूर्ण स्वीकृति है। यह वरुण के अधिनायकत्व में विकसित होनेवाली असुर परम्परा से सर्वथा भिन्न है जो विधि-विधान और विवेक को विशेष महत्त्व देती थी। प्रसाद ने इन दोनों परस्पर-विरोधी परम्पराओं के विकास की मनोरंजक रूपरेखा प्रस्तुत की है और कहने की आवश्यकता नहीं कि उनकी दृष्टि में जीवन में 'काम' को पूर्णतः स्वीकार करके चलनेवाली आनन्दवादी परम्परा ही मुख्य है अथच काम्य भी।

किसी प्रकार की प्रतिक्रिया प्राप्त न होने के कारण यह कहना कठिन है कि द्विवेदीजी प्रसाद द्वारा निरूपित आनन्दवादी परम्परा से किस हद तक परिचित थे, किन्तु तत्त्वतः यह वही परम्परा है जिसका श्रेय वे गन्धर्व, नाग, द्रविड़ आदि आर्येतर जातियों को देते हैं। 'विचार और वितर्क' (1945) में संकलित अपने एक आरम्भिक निबन्ध "हमारी संस्कृति और साहित्य का सम्बन्ध' में लिखा है कि "सबसे अधिक आर्येतर-संश्रव साहित्य और ललित कलाओं के क्षेत्र में हुआ है। अजन्ता में चित्रित, साँची, भरहुत आदि में उत्कीर्ण चित्र और मूर्तियाँ आर्येतर सभ्यता की समृद्धि के परिचायक हैं। महाभारत और कालिदास के काव्यों की तुलना करने से जान पड़ेगा कि दोनों दो चीजें हैं। एक में तेज है, दृप्तता है और अभिव्यक्ति का वेग है, तो दूसरे में लालित्य है, माधुर्य है और व्यंजना की छटा है। महाभारत में आर्य उपादान अधिक है, कालिदास के काव्यों में आर्येतर। जिन लोगों ने भारतीय

शिल्पशास्त्र का अनुशीलन किया है, वे जानते हैं कि भारतीय शिल्प में कितने आर्येतर उपादान हैं और काव्यों तथा नाटकों में उनका कैसा अद्‌भुत प्रभाव पड़ा है। पता चला है कि साँची, भरहुत आदि के चित्रकार यक्षों और नागों की पूजा करनेवाली एक सौन्दर्य-प्रिय जाति थी, जो सम्भवतः उत्तर भारत से लेकर असम तक फैली हुई थी। बहुत-सी ऐसी बातें कालिदास आदि कवियों ने इन सौन्दर्य-प्रेमी जातियों से ग्रहण कीं, जिनका पता आर्यों को न था। कामदेव और अप्सराएँ उनकी देव-देवियाँ हैं, सुन्दरियों के पदाघात से अशोक का पुष्पित होना उनके घर की चीज है, अलकापुरी उनका स्वर्ग है—इस प्रकार की अन्य अनेक बातें उनसे और उन्हीं की तरह अन्यान्य आर्येतर जातियों से महाकवि ने ली हैं।" इसी क्रम में आगे भरत मुनि के नाट्यशास्त्र के बारे में भी, उसके आर्यों की विद्या न माननेवाले मत का जिक्र करते हुए कहते हैं : "शुरू में एक कथा में बताया गया है कि ब्रह्मा ने नाट्यवेद नामक पाँचवें वेद की सृष्टि की थी। अगर आर्यों के वेदों से इसका कुछ भी सम्बन्ध होता तो पंडितों का अनुमान है, इस कथा की जरूरत न हुई होती। वास्तव में भारतीय नाटक पहले केवल अभिनय के रूप में ही दिखाए जाते थे। उनमें भाषा का प्रयोग करना आर्य संशोधन या परिवर्धन है।" (प्रथम संस्करण, पृ. 186-87) आर्येतर अवदान की इस सूची में यदि 'भक्ति द्राविड़ ऊपजी' और आभीरों के आराध्यदेव बालकृष्ण तथा देवी राधा को जोड़ लें तो हमारी परम्परा में सुन्दर माना जानेवाला ऐसा कुछ भी नहीं बचता जो आर्येतर न हो! एक भक्तिकाव्य को छोड़कर प्रसाद और हजारीप्रसाद द्विवेदी में इस बात को लेकर कोई मतभेद नहीं है कि क्या-क्या सुन्दर है? अन्तर केवल यह है कि प्रसाद जिसे आर्यों के एक समुदाय की परम्परा कहते हैं, हजारीप्रसाद द्विवेदी उसे ही विभिन्न आर्येतर जातियों का अवदान मानते हैं। फिर भी एक बात में उभयत्र समानता है कि हमारी परम्परा में जो भी सुन्दर है वह आर्य नाम से प्रचारित मिथक से भिन्न है। इस मिथकीय आर्य से इतनी चिढ़ इसलिए है कि इसके ध्वजाधारियों को 'सुन्दर' से परहेज है। जैसा कि प्रसाद ने 'रहस्यवाद' शीर्षक निबन्ध में स्पष्ट लिखा है : "आनन्द पथ को उनके कल्पित भारतीयोचित विवेक में सम्मिलित कर लेने से आदर्शवाद का ढाँचा ढीला पड़ जाता है। इसलिए वे इस बात को स्वीकार करने में डरते हैं कि

जीवन में यथार्थ वस्तु आनन्द है, ज्ञान से वा अज्ञान से मनुष्य उसी की खोज में लगा है। आदर्शवाद ने विवेक के नाम पर आनन्द और उसके पथ के लिए जो जनरव फैलाया है, वही उसे अपनी वस्तु कहकर स्वीकार करने में बाधक है।'' इसलिए नैतिकतावादियों को प्रत्युत्तर देने के लिए प्रसाद ने यदि 'सुन्दर' की परम्परा को अपनी ही परम्परा के रूप में निरूपित करने का प्रयास किया तो हजारीप्रसाद द्विवेदी ने उसे अपनी ही परम्परा के अन्दर आर्येतर तत्त्वों के अभिन्न मिश्रण के रूप में विवेचित किया। एक की परम्परा और दूसरे की प्रति-परम्परा दो दिशाओं से चलकर एक ही बिन्दु पर मिलती है—थोथे नैतिकतावाद के विरुद्ध 'सुन्दर' की प्रतिष्ठा! 'सुन्दर' को ही लेकर यह सारा विवाद इसलिए है कि जैसा कि प्रसाद ने कहा है, ''संस्कृति सौन्दर्य-बोध के विकसित होने की मौलिक चेष्टा है।''

यह आकस्मिक नहीं है कि भारतीय संस्कृति के नाम पर नैतिकता की ध्वजा फहरानेवाले प्रकृति के सौन्दर्य को तो किसी प्रकार सह लेते हैं, पर नारी-सौन्दर्य के सामने आँखें चुराने लगते हैं। उदाहरण के लिए शुक्लजी के लोकमंगल में प्रकृति के सौन्दर्य के लिए तो पूरी जगह है, लेकिन छायावादियों की कौन कहे स्वयं विद्यापति और सूर जैसे भक्त कवियों का नारी-सौन्दर्य भी ग्राह्य नहीं है। आनन्द और माधुर्य को लोकमंगल की सिद्धावस्था का गौरवपूर्ण पद देकर उन्होंने साधनावस्था का मार्ग अपनी ओर से सर्वथा निष्कंटक कर लिया, क्योंकि साधना के मार्ग में माधुर्य से बाधा पहुँचने की आशंका है।

सम्भवतः ऐसे ही पूर्वग्रह का प्रत्याख्यान करने के लिए द्विवेदीजी ने अपनी साहित्य-साधना के आरम्भिक सोपान पर ही 'हिन्दी साहित्य की भूमिका' के साथ ही 'प्राचीन भारत का कला-विलास' (1940) नामक पुस्तक लिखी जो आगे चलकर परिवर्धित रूप में 'प्राचीन भारत के कलात्मक विनोद' नाम से छपी। प्राचीन भारत में प्रचलित कलाओं के लगभग सौ सन्दर्भों का तथ्यात्मक विवरण उपस्थित करने से पहले 'कलात्मक विनोद' में द्विवेदीजी ने आरम्भ में यह स्पष्ट कर देना आवश्यक समझा कि ''विलासिता और कलात्मक विलासिता एक ही वस्तु नहीं है। थोथी विलासिता में केवल भूख रहती है—नंगी बुभुक्षा पर कलात्मक विलासिता संयम चाहती है, शालीनता

चाहती है, विवेक चाहती है। सो, कलात्मक विलास किसी जाति के भाग्य में सदा-सर्वथा नहीं जुटता। उसके लिए ऐश्वर्य चाहिए, समृद्धि चाहिए, त्याग और भोग का सामर्थ्य चाहिए और सबसे बढ़कर ऐसा पौरुष चाहिए जो सौन्दर्य और सुकुमारता की रक्षा कर सके। परन्तु इतना ही काफी नहीं है। उस जाति में जीवन के प्रति ऐसी एक दृष्टि सुप्रतिष्ठित होनी चाहिए जिससे वह पशुसुलभ इन्द्रिय-वृत्ति को और बाह्य पदार्थों को ही समस्त सुखों का कारण न समझने में प्रवीण हो चुकी हो, उस जाति की ऐतिहासिक और सांस्कृतिक परम्परा बड़ी और उदार होनी चाहिए और उसमें एक ऐसा कौलीन्य गर्व होना चाहिए जो आत्म-मर्यादा को समस्त दुनिया की सुख-सुविधाओं से श्रेष्ठ समझता हो, और जीवन के किसी भी क्षेत्र में असुन्दर को बर्दाश्त न कर सकता हो। जो जाति सुन्दर की रक्षा और सम्मान करना नहीं जानती वह विलासी भले ही हो ले, पर कलात्मक विलास उसके भाग्य में नहीं बदा होता।''

संक्षेप में यह उस सौन्दर्यबोध की 'संस्कृति' है, जिसका अत्यन्त संवेदनशील और सूक्ष्म विवरण 'कलात्मक विनोद' के बाद के पृष्ठों में मिलता है, या फिर 'बाणभट्ट की आत्मकथा', 'चारु चन्द्रलेख', 'पुनर्नवा' और 'अनामदास का पोथा' जैसी सर्जनात्मक कृतियों के उन प्रसंगों में जहाँ नारी-सौन्दर्य अपने पूरे वैभव के साथ प्रकट होता है तथा नृत्य-कला के प्रदर्शन के अवसर अक्सर उपस्थित होते हैं। कहने की आवश्यकता नहीं कि द्विवेदीजी के इस सौन्दर्यबोध में सर्वथा शास्त्रीय प्रत्यभिज्ञान ही नहीं है, बल्कि उसमें एक सजग ऐन्द्रिय संवेदन की प्रत्यग्रता भी है। रूप, शोभा, सुषमा, सौभाग्य, चारुता, लालित्य, लावण्य आदि का ऐसा सूक्ष्म परिज्ञान और संवेदन हिन्दी में दुर्लभ ही है।

इस सौन्दर्यबोध को सामन्ती संस्कृति का पर्याय समझ लिए जाने का भ्रम न हो इसलिए 'मेघदूत—एक पुरानी कहानी' (1957) से पूर्व मेघ के 'पुष्पलावी मुखानाम्' वाले 26वें छन्द पर द्विवेदीजी की व्याख्या का एक अंश प्रस्तुत है :

''जो सम्पत्ति परिश्रम से नहीं अर्जित की जाती, और जिसके संरक्षण के लिए मनुष्य का रक्त पसीने में नहीं बदलता, वह केवल कुत्सित रुचि को

प्रश्रय देती है। सात्विक सौन्दर्य वहाँ है, जहाँ चोटी का पसीना एड़ी तक आता है और नित्य समस्त विकारों को धोता रहता है। पसीना बड़ा पावक तत्त्व है मित्र, जहाँ इसकी धारा रुद्ध हो जाती है वहाँ कलुष और विकार जमकर खड़े हो जाते हैं। विदिशा के प्रच्छन्न विलासियों में यह पावनकारी तत्त्व नहीं है। उनके चेहरों पर सात्विक तेज और उल्लसित करनेवाली दीप्ति नहीं रह गई है। इसलिए मैं सलाह देता हूँ कि विश्राम करके आगे बढ़ना; क्योंकि प्रातःकाल निचली पहाड़ी के इर्द-गिर्द तुमको मनुष्य की सात्विक शोभा दिखाई देगी। वहाँ सबेरे सूर्योदय के साथ ही साथ तुम श्रम-जल-स्नात नारियों की दिव्य शोभा देख सकोगे। नागरिक लोगों के आनन्द और विलास के लिए कृषकों ने फूलों के अनेक बगीचे लगा रखे हैं। प्रातःकाल कृषक-वधुएँ फूल चुनने के लिए इन पुष्पोद्यानों में आ जाती हैं, उस प्रदेश में इन्हें 'पुष्पलावी' कहते हैं। 'पुष्पलावी' अर्थात फूल चुननेवाली। ये पुष्पलावियाँ घर का कामकाज समाप्त करके उद्यानों में आ जाती हैं और मध्याह्न तक फूल चुनती रहती हैं। सूर्य के ताप से इनका मुखमंडल म्लान हो उठता है, गंडस्थल से पसीने की धारा बह चलती है और इस स्वेदधारा के निरन्तर संस्पर्श से उनके कानों के आभरण रूप में विराजमान नीलकमल मलिन हो उठते हैं। दिनभर की तपस्या के बाद वे इतना कमा लेती हैं कि किसी प्रकार उनकी जीवन-यात्रा चल सके। परन्तु तुमको यहीं सात्विक सौन्दर्य के दर्शन होंगे। उनके दीप्त मुखमंडल पर शालीनता का तेज देखोगे; उनकी भ्रू-भंग-विलास से अपरिचित आँखों में सच्ची लज्जा के भार का दर्शन पाओगे और उनके उत्फुल्ल अधरों पर स्थिर भाव से विराजमान पवित्र स्मित-रेखा को देखकर तुम समझ सकोगे कि 'शुचि-स्मिता' किसे कहते हैं। इस पवित्र सौन्दर्य को देखकर तुम निचली पहाड़ी की उद्दाम और उन्मत्त विलास-लीला को भूल जाओगे। वहाँ तुम संचय का विकार देखोगे और यहाँ आत्मदान का सहज रूप।" (प्रथम संस्करण, पृ. 45-46)

पुष्पलावियों का यह श्रम-जल-स्नात सौन्दर्य कालिदास का नहीं, द्विवेदीजी के 'कालिदास' का सौन्दर्य है—क्लासिकी परम्परा से फूटती हुई आधुनिकता! संस्कृति को भी संस्कार देनेवाली यह एक और परम्परा है जो अनजाने ही निराला की 'श्याम तन भर बँधा यौवन' वाली 'वह तोड़ती पत्थर'

से जुड़ जाती है।

इसलिए जो लोग द्विवेदीजी के सौन्दर्य-संस्कार को रवीन्द्रनाथ के शान्तिनिकेतन की देन बतलाते हैं वे सिर्फ आधी बात कहते हैं। शान्तिनिकेतन में चारों ओर संगीत और कला का जो वातावरण था उसने निश्चय ही द्विवेदीजी के सुप्त सौन्दर्यबोध को जाग्रत किया था। स्वयं द्विवेदीजी ने भी शान्तिनिकेतन के संस्मरणों में आश्रम के उस वातावरण की चर्चा की है जिसमें संगीत जीवन का अविच्छेद्य अंग बन गया था और छोटे से छोटे बच्चों में भी सौन्दर्य-निर्माण की सहज प्रेरणा काम कर रही थी। फिर भी उनके अपने सौन्दर्य-प्रेम का एक बहुत बड़ा स्रोत अपना लोक-संस्कार था। यही वजह है कि जीवन के सन्दर्भ में जब भी सौन्दर्य-सृष्टि की बात उठती थी तो वे उसे सामान्य जन-जीवन में उतारने की कल्पना करते थे। इस दृष्टि से 'विचार-प्रवाह' (1959) में संकलित 'जनता का अन्तः स्पन्दन' शीर्षक लेख विशेष रूप से उल्लेखनीय है।

निबन्ध इस चिन्ता से आरम्भ होता है : "कुछ ऐसा प्रयत्न होना चाहिए कि इस वंचित जनता के भीतर रसग्राहिका संवेदना उत्पन्न हो, वे भी 'सुन्दर' का सम्मान करना सीखें, 'सुन्दर' ढंग से जीवन बिताना सीखें, 'सुन्दर' को पहचानना सीखें।" एक सत्ख्यातिवादी की तरह द्विवेदीजी कहते हैं कि जनता के अन्तःकरण में अगर सौन्दर्य के प्रति सम्मान का भाव नहीं है, तो जनता कभी भी सौन्दर्यप्रेमी नहीं बनाई जा सकती। किन्तु उनका विश्वास है कि जनता के भीतर वह वस्तु स्तब्ध पड़ी हुई है। उपयुक्त उद्दीपक के अभाव में वह स्पन्दित नहीं हो रही है। इस उद्दीपक वस्तु को समाज में प्रतिष्ठित करना वांछनीय है। जनता की प्राथमिक आवश्यकताओं की पूर्ति से वे बेखबर नहीं हैं। वे अनुभव करते हैं कि जिस जनता को पेट-भर अन्न नहीं मिलता, वह सौन्दर्य का सम्मान नहीं कर सकती। नींव के बिना इमारत नहीं उठ सकती। 'भूखे भजन न होहिं गुपाला।' किन्तु इसके साथ ही यह भी सच है कि "जो जाति 'सुन्दर' का सम्मान नहीं कर सकती वह यह भी नहीं जानती कि बड़े उद्देश्य के लिए प्राण देना क्या चीज है। वह छोटी-छोटी बातों के लिए झगड़ती है, मरती है और लुप्त हो जाती है।"

स्पष्टतः यह दृष्टि उस विचारधारा से नितान्त भिन्न है जो जनता को

तात्कालिक आर्थिक और राजनीतिक आवश्यकताओं की पूर्ति के लिए संघर्ष में उतारने की विश्वासी है क्योंकि वहाँ यह समझ निहित है कि जनता के बोध का स्तर इतना ही नीचा है। जो जनता के 'अन्तः स्पन्दन' से अपरिचित हैं वे सारी शक्ति फौरी लड़ाइयों में ही क्षय करते हैं। कोई जाति क्रान्ति जैसे बड़े उद्देश्य के लिए जान की बाजी लगाती है तो इसलिए कि वह सिर्फ जीना नहीं चाहती, बल्कि 'सुन्दर' ढंग से जीना चाहती है। कहने की आवश्यकता नहीं कि आज के अनेक राजनीतिक संगठन और आन्दोलन सिर्फ इसलिए असफल हो रहे हैं कि उनके सामने जीवन का यह बड़ा उद्देश्य नहीं है और वे 'सुन्दर' को एक अतिरिक्त या फालतू चीज समझते हैं।

द्विवेदीजी भी 'सौन्दर्य' को 'अतिरिक्त' मानते हैं किन्तु उनके 'अतिरिक्त' का अर्थ वह है जो आनन्दवर्धनकृत 'लावण्य' की परिभाषा में है। वह किसी वस्तु के प्रसिद्ध अवयवों में से कोई भी नहीं है, उनसे अतिरिक्त है और फिर भी उन अवयवों को छोड़कर नहीं रह सकता। सो, सौन्दर्य रूप नहीं है, लेकिन रूप को छोड़कर रह भी नहीं सकता। इस शास्त्रीय परिभाषा से द्विवेदीजी जीवन के लिए जो निष्कर्ष निकालते हैं, वह द्रष्टव्य है। कहते हैं : ''जीवन को सुन्दर ढंग से बिताने के लिए भी जीवन का एक रूप होना चाहिए। बहुत-से लोग कुछ भी न करने को भलापन समझते हैं। यह गलत धारणा है। सुन्दर जीवन क्रियाशील होता है; क्योंकि क्रियाशीलता ही जीवन का रूप है। क्रियाशीलता को छोड़कर जीवन का 'सौन्दर्य' टिक नहीं सकता।'' द्विवेदीजी के अनुसार इस भाव से चालित जनसमाज अन्ततः ''राजनीतिक और आर्थिक शक्तियों पर कब्जा करने के प्रयास'' से कम पर सन्तुष्ट नहीं हो सकता क्योंकि ''समाज व्यवस्था को ज्यों-का-त्यों स्वीकार कर लेना एकदम असम्भव हो गया है।''

किन्तु उन संकीर्णतावादी क्रान्तिकारियों से द्विवेदीजी सहमत नहीं हैं जो मनुष्य के भविष्य को सुखी बनाने के नाम पर आज उसके सौन्दर्य-प्रेम को किसी-न-किसी बहाने कुचल देना चाहते हैं। अन्तिम दिनों में लिखित 'परम्परा और आधुनिकता' शीर्षक लेख में वे कहते हैं : ''जो मनुष्य को उसकी सहज वासनाओं और अद्भुत कल्पनाओं के राज्य से वंचित करके

भविष्य में उसे सुखी बनाने के सपने देखता है वह ठूँठ तर्कपरायण कठमुल्ला हो सकता है, आधुनिक बिलकुल नहीं। वह मनुष्य को समूचे परिवेश से विच्छिन्न करके हाड़-मांस का यन्त्र बनाना चाहता है। यह न तो सम्भव है, न वांछनीय।" (*ग्रन्थावली* 9/363)

इसलिए द्विवेदीजी मनुष्य की "समस्त रचयित्री आनन्दिनी वृत्ति" का विकास आवश्यक समझते हैं, क्योंकि चित्रकला, मूर्तिकला, वास्तुकला, धर्मविधान और साहित्य के माध्यम से उसी वृत्ति को अभिव्यक्ति मिलती है।

यह आकस्मिक नहीं है कि अन्तिम दिनों में वे 'सौन्दर्यशास्त्र' पर 'लालित्य-मीमांसा' नाम से एक पूरी पुस्तक लिख रहे थे। अपने प्रिय कवि कालिदास पर 'कालिदास की लालित्य-योजना' नामक पुस्तक पूरी करके वे स्वयं लालित्यशास्त्र पर ही व्यवस्थित और सांगोपांग विचार करना चाहते थे। उनके जीवन की सुदीर्घ सौन्दर्य-चिन्ता और सौन्दर्य-साधना की यह स्वाभाविक परिणति थी। दुर्भाग्य से उस पुस्तक के केवल पाँच ही निबन्ध पूरे हो पाए, पर उनसे भी उनकी व्यापक और मौलिक सौन्दर्य-चिन्ता का कुछ आभास मिल ही जाता है। उन्हें इस तथ्य का एहसास है कि "भारतवर्ष में इस प्रकार के किसी अलग शास्त्र की कल्पना नहीं की गई है; परन्तु काव्य, शिल्प, चित्र, मूर्ति, संगीत, नाटक आदि की आलोचना के प्रसंग में और विविध आगमों में 'चरम सुन्दर तत्त्व' की महिमा बिताने के बहाने इसकी चर्चा अवश्य होती रही है।" इसलिए अपनी इस छिन्न किन्तु समृद्ध परम्परा के आधार पर ही उन्होंने लालित्य-चिन्तन के भवन-निर्माण का प्रयास किया है।

इस प्रयास का पहला उल्लेखनीय सूत्र यह है कि वे सौन्दर्य को सौन्दर्य न कहकर 'लालित्य' कहना चाहते हैं, क्योंकि "प्राकृतिक सौन्दर्य से भिन्न किन्तु उसके समानान्तर चलनेवाला मानवरचित सौन्दर्य" (*ग्रन्थावली,* 7/34) उनकी दृष्टि में विशेष महत्त्वपूर्ण है। लालित्य वह इसलिए है कि मानव द्वारा **लालित** है। सौन्दर्य की इस मानववादी धारणा का स्रोत द्विवेदीजी ने अपनी परम्परा से ही ढूँढ़ निकाला। वह स्रोत है भरतमुनि का नाट्यशास्त्र। नाट्यशास्त्र में नाटक की उत्पत्ति की जो कथा दी गई है उसके अनुसार देवता

नाटक न कर सके और नाटक कर सकने में मनुष्य को ही समर्थ समझा गया, क्योंकि उसमें देवताओं से एक विशिष्ट शक्ति है—अनुकरण की। यही नहीं, भरतमुनि ने अपने समय में प्रचलित रूपकों में से पूर्णांग सिर्फ नाटक और प्रकरण को ही माना जहाँ नायक मनुष्य होता है। नायक पर विचार करते हुए प्रसंगवश नाट्यशास्त्र के अनुसार मनुष्य ही धीरोदात्त हो सकते हैं, जबकि 'देवा धीरोद्धता एव' क्योंकि देवों में फलागम के लिए उतावली होती है और धीरोदात्त की भाँति धीरभाव से प्रत्याशा में वे नहीं उलझते। इस प्रकार द्विवेदीजी "कला-सृजन में मनुष्य की महिमा का सबल विवेक" भरतमुनि से प्राप्त करते हैं। सौन्दर्य को मनुष्य-लालित मानने का दूसरा स्रोत है तांडव और लास्य का अन्तर। पुराणगाथा के अनुसार शिव का तांडव रस-भाव-विवर्जित 'नृत्त' है जबकि पार्वती का लास्य रस-भाव-समन्वित नृत्य है। द्विवेदीजी इससे यह संकेत ग्रहण करते हैं कि "तांडव जहाँ मानव पूर्व तत्त्वों का स्वतः स्फूर्त विकास है, वहाँ लास्य मानवीय प्रयासों का ललित रूप।" (वही, 7/31) अन्त में आगमों में वर्णित विश्वव्यापिनी सर्जनात्मक शक्ति 'ललिता' के प्रभामंडल से मंडित करते हुए वे मनुष्य-निर्मित सौन्दर्य तत्त्व को 'लालित्य' की संज्ञा देते हैं। किन्तु कुल मिलाकर समष्टिगत और व्यष्टिगत दोनों ही स्तरों पर द्विवेदीजी की सौन्दर्यदृष्टि मूलतः मानव-केन्द्रित ही है। इसका अर्थ सिर्फ यही नहीं है कि सौन्दर्य का स्रष्टा मनुष्य है, बल्कि यह भी कि सौन्दर्य की सृष्टि करने के कारण ही मनुष्य मनुष्य है।

द्विवेदीजी की लालित्य-मीमांसा का दूसरा सूत्र यह है कि वह 'बन्धन के विरुद्ध विद्रोह' है और 'बन्धनद्रोही व्याकुलता को रूप देने का प्रयास' है। (7/38) नृत्य के सन्दर्भ में इसी बात को 'जड़ के गुरुत्वाकर्षण पर चैतन्य की विजयेच्छा' कहा गया है। (7/28) आकस्मिक नहीं है कि द्विवेदीजी ने अपने सभी उपन्यासों में किसी-न-किसी बहाने नृत्य का आयोजन किया है। नृत्य भले ही बन्धनों के विरुद्ध विद्रोह को व्यक्त करनेवाली सबसे जीवन्त कला हो, किन्तु अन्य कलाएँ भी नृत्य के इस धर्म का अनुसरण करती हैं, यह भी द्विवेदीजी ने यथास्थान स्पष्ट कर दिया है। इस प्रकार द्विवेदीजी की दृष्टि में कला और सौन्दर्य की सृष्टि विलास-मात्र नहीं बल्कि बन्धनों के विरुद्ध विद्रोह है जो, शास्त्र समर्थित न होते हुए भी, उनकी क्रान्तिकारी

सौन्दर्य-दृष्टि का परिचायक है।

द्विवेदीजी की लालित्य-मीमांसा का तीसरा सूत्र यह है कि सौन्दर्य एक सर्जना है—मनुष्य की सिसृक्षा का परिणाम। उल्लेखनीय है कि 'लालित्य-मीमांसा' के प्राप्त अंशों में सबसे अधिक विचार सिसृक्षा पर ही है, जिसका स्पष्ट अर्थ है कि वे मनुष्य की सृजनशीलता पर सबसे अधिक बल देना चाहते थे। विवेचन की शब्दावली अवश्य पुरानी है और प्रायः शैव तथा शाक्त दर्शनों की इच्छाशक्ति और क्रियाशक्ति का सहारा लिया गया है, किन्तु अन्ततः इस आध्यात्मिक शब्दावली के बीच से मनुष्य की वह सर्जनात्मक शक्ति ही प्रकाशित होती है जो सौन्दर्य, कला और संस्कृति के मूल में है। इसी सृजनशीलता के सन्दर्भ में उन्होंने उन 'रूढ़ियों' की भूमिका पर भी विचार किया है जो कलाकार के लिए सब समय बाधक ही नहीं होतीं, बल्कि कभी-कभी साधक या सहायक भी हो जाती हैं।

अन्त में द्विवेदीजी एक ऐसे 'समग्र भाव' के रूप में सौन्दर्य की स्थापना करते हैं जो धर्माचरण, नैतिकता आदि [जीवन की] सभी प्रकार की अभिव्यक्तियों को छापकर, सबको अभिभूत करके, सबको अन्तर्ग्रथित करके 'सामग्र्य भाव' का प्रकाश करता है। उन्हीं के शब्दों में "भाषा में, मिथक में, धर्म में, काव्य में, मूर्ति में, चित्र में बहुधा अभिव्यक्त मानवीय इच्छाशक्ति का अनुपम विलास ही वह सौन्दर्य है जिसकी मीमांसा का संकल्प लेकर हम चले हैं।" (7/34)

मीमांसा दुर्भाग्यवश अपूर्ण ही रह गई; पर संकल्प सार्थक है। 'जनता का अन्तः स्पन्दन' ही नहीं बल्कि अन्य रचनाओं के प्रकाश में 'लालित्य-मीमांसा' के सूत्रों को देखें तो संकेत स्पष्ट है : जीवन का समग्र विकास ही सौन्दर्य है। यह सौन्दर्य वस्तुतः एक सृजन व्यापार है। इस सृजन की क्षमता मनुष्य में अन्तर्निहित है। वह इस सौन्दर्य सृजन की क्षमता के कारण ही मनुष्य है। इस सृजन व्यापार का अर्थ है बन्धनों से विद्रोह। इस प्रकार सौन्दर्य विद्रोह है—मानव-मुक्ति का प्रयास है।

'त्वं खलु कृती'

'पुनर्नवा' में एक रोचक प्रसंग है जिसमें कविता और जीवन के सम्बन्ध पर चर्चा चल पड़ती है। चर्चा में भाग लेनेवाले तीन व्यक्ति चरित्र हैं। चौदह वर्ष की बालिका मृणाल मंजरी, उसके धर्मपिता देवरात जो शास्त्र के पंडित भी हैं और कला-मर्मज्ञ भी तथा सहजबुद्धि के धनी लेकिन अपने आपको 'अटट गँवार' कहनेवाले सुमेर काका।

देवरात समझाते हैं कि ''कविता भगवती महामाया की इच्छाशक्ति है, व्यवहार जगत उनकी क्रियाशक्ति का विलास है। इच्छाशक्ति कल्पलोक का निर्माण कर सकती है, क्रियाशक्ति केवल सृष्ट पदार्थों तक सीमित है। ऐसा लगता है कि उपपन्न कवि चाहे तो कविता के कल्पलोक में फूल-सी सुकुमार बालिका से वज्रकठोर महिष का निर्दलन करवा सकता है, पर व्यवहार जगत में यह सम्भव नहीं है। इसका अर्थ यह नहीं है कि कविता निरर्थक है। कविता महामाया की इच्छाशक्ति का विलास है, अर्थभार-हीन, सत्त्वार्थमात्र।'' (पृ. 40)

मृणाल मंजरी इसका अर्थ समेुर काका से पूछती है और काका अपने सहज अन्दाज में कहते हैं : "देख रे, तेरा बाप शास्त्र का बड़ा भारी पंडित है। काव्य का, संगीत का, चित्र का, मूर्ति का सहृदय पारखी है। मगर मैं उसकी कमजोरी जान गया हूँ। वह इन बातों को तैयार माल की तरह देखता है। सुनार जैसे अँगूठी बनाकर ले आता है तो ग्राहक जैसे देखता है, उसी प्रकार। मगर ज्ञान या रस तैयार माल की तरह नहीं होता। वे इतिहास से पलते हैं, और इतिहास को बनाते हैं। उसने तुझे कविता और व्यवहार का जो भेद बताया है न, वह उसी तैयार माल का दाम आँकनेवाली बुद्धि से।" (पृ. 45)

कथाकृति में किसी पात्र के कथन को लेखक का अपना वक्तव्य बतलाना सब समय ठीक नहीं होता, फिर भी द्विवेदीजी की आलोचनात्मक कृतियों से प्राप्त अन्य प्रमाणों के प्रकाश में बिना हिचक के यह कहा जा सकता है कि सुमेर काका का कथन ही स्वयं उनका वक्तव्य है। देवरात का कथन शास्त्रपक्ष है। इसलिए पूर्वपक्ष। 'मध्यकालीन बोध का स्वरूप' में अलंकारशास्त्र की सामान्य प्रकृति पर टिप्पणी करते हुए द्विवेदीजी कहते हैं : "अलंकार शास्त्रों में भी, लगता है कि काव्य की रचना-प्रक्रिया में जो आनन्द है उस ओर कम ध्यान दिया गया है। यह कहना कि कवि रचना करने के बाद सहृदय रूप में ही काव्य का रसास्वाद करता है, कविता की स्थितिशील कलावस्तु (स्टेटिक आबजेक्ट) मान लेने के समान है। उसकी रचना-प्रक्रिया में जो गतिशील पक्ष (डाइनेमिक प्रासेस) का आनन्द है, वह उपेक्षित हो जाता है।...यह भी कविता को तैयार माल (फिनिश्ड प्रोडक्ट) समझने की ही वृत्ति है।" (पृ. 65) इसी क्रम में आगे वे यह भी कहते हैं कि उत्पादयिता के आनन्द को भोक्ता के आनन्द के सामने नगण्य मान लेने की प्रवृत्ति मध्यकालीन पतनशीलता का प्रभाव है।

वस्तुतः मध्यकाल के अलंकारशास्त्री काव्य को तैयार माल के रूप में देखने के अभ्यस्त इसलिए हो गए थे कि उनका सम्बन्ध उत्पादक वर्ग से कट गया था और वे क्रमशः उपभोक्ता वर्ग के हितों और रुचियों से जुड़ गए थे। इस सामाजिक पृष्ठभूमि को हिन्दी के रीतिकाव्य के सन्दर्भ में स्पष्ट करते हुए 'हिन्दी साहित्य : उसका उद्भव और विकास' नामक ग्रन्थ में वे

कहते हैं : "उस समय आर्थिक दृष्टि से दो श्रेणियाँ हो गईं—एक तो उत्पादक वर्ग, जिसमें प्रधान रूप से किसान और किसानी से सम्बन्ध रखनेवाली जातियाँ बढ़ई, लोहार, कहार, जुलाहा इत्यादि थीं, और दूसरा दल भोक्ता (राजा, रईस, नवाब आदि) या भोक्तृत्व का मददगार था। मुगल शासन के अन्तिम दिनों में भारतीय समाज के ये ही दो आर्थिक वर्ग थे–राजा, सामन्त, मनसबदार आदि भोक्ता वर्ग और कृषक और श्रमिकों का उत्पादक वर्ग।... इन दो वर्गों के मध्य में कवियों, चित्रकारों, संगीतज्ञों आदि कलावन्तों का वर्ग था जो प्रायः उत्पादक वर्ग से उत्पन्न होता था किन्तु भोक्ता वर्ग की स्तुति और मनोविनोदन करके जीविका निर्वाह करता था।" (पृ. 81) इस कथन से स्पष्ट है कि भोक्तावर्ग से जुड़ने के कारण ही कवियों और कलावन्तों का वर्ग काव्य और कला को उपभोग की वस्तु समझने का अभ्यस्त हो गया था। काव्य को 'तैयार माल' समझना इस उपभोक्ता दृष्टि का ही परिणाम है। यह एक प्रकार से काव्य-कृति का 'री-इफिकेशन' या वस्तूकरण है—जिसमें काव्य-कृति अपनी गत्वरता और जीवन्तता खोकर एक जड़ और स्थिर वस्तु बन जाती है।

द्विवेदीजी काव्यकृति के प्रति इस उपभोक्ता दृष्टि को अस्वीकार करके साहित्य में उत्पादक दृष्टि की हिमायत करते हैं। इस प्रक्रिया में उनके विचार मार्क्सवादी साहित्य-चिन्तक वाल्टर बेन्यामिन के उन विचारों से काफी मिलते हैं जिनका विवेचन 'द आथर ऐज़ प्रोड्यूसर' शीर्षक लेख में किया गया है।

इस सन्दर्भ में उल्लेखनीय है कि द्विवेदीजी साहित्य चर्चा के प्रसंग में अपनी ओर से साहित्य के 'रस' और 'रसास्वादन' का प्रश्न न उठाकर 'साहित्य का मर्म' की बात करते हैं। 'रस' और 'रसास्वाद' से उपभोग की व्यंजना होती है और द्विवेदीजी हरचन्द इस अवधारणा से बचे रहना चाहते हैं। साहित्यशास्त्र पर उन्होंने अपने समकालीन पंडितों की तुलना में कम ही लिखा है। लेकिन जब भी अवसर आया है, उन्होंने भरसक संस्कृत की पारिभाषिक शब्दावली से परहेज ही किया है। एक पुस्तक है 'साहित्य का साथी' जिसे आगे चलकर 'साहित्य का सहचर' नाम से प्रकाशित किया। एक तरह से यह 'साथी' या 'सहचर' पुराने सहृदय का ही सगोतिया है; फिर भी द्विवेदीजी ने 'साथी' को ही चुना, जो निश्चय ही केवल शब्दभेद नहीं है।

दूसरी पुस्तिका है 'साहित्य का मर्म' (लखनऊ विश्वविद्यालय में दिए गए तीन भाषण), जिसमें जानबूझकर 'साहित्य और आत्मा' शब्द से बचा गया है। यह वही 'आत्मा' है जिस पर संस्कृत में शताब्दियों बहस होती रही। कहने की आवश्यकता नहीं कि 'आत्मा' के साथ एक निश्चित आध्यात्मिक अनुषंग जुड़ा है, बल्कि वह आध्यात्मिक चिन्तन-प्रणाली की ही एक अवधारणा है। जिनका अभीष्ट साहित्य में 'मानव सत्य' की प्रतिष्ठा है, वे द्विवेदीजी भला इस आध्यात्मिक अवधारणा को स्वीकार कर अपनी बात कैसे कह सकते थे! स्पष्टतः 'साहित्य का मर्म' का रहस्य यही है।

इसलिए यह आकस्मिक नहीं है कि द्विवेदीजी ने 'पुनर्नवा' में अपनी बात कहने के लिए शास्त्रज्ञ और कला मर्मज्ञ देवरात को नहीं, बल्कि सहज ज्ञान सम्पन्न एक 'अटट गँवार' किसान सुमेर काका को प्रवक्ता के रूप में चुना। जब वे कहते हैं कि 'मनुष्य ही साहित्य का लक्ष्य है' तो उनके सामने स्पष्टतः यही मनुष्य होता है, कोई अमूर्त अवधारणा नहीं। लिखते हैं : "हम लोग नृतत्त्व के ग्रन्थ न पढ़ते हों सो बात नहीं, किन्तु जब हम देखते हैं कि ग्रन्थ पढ़ने के कारण हमारे घरों के निकट जो चमार, धीवर, कोरी, कुम्हार आदि लोग रहते हैं उनका पूरा परिचय पाने के लिए हमारे हृदयों में जरा भी उत्सुकता नहीं उत्पन्न होती, तब अच्छी तरह समझ में आ जाता है कि पुस्तकों के सम्बन्ध में हमें कितना अन्धविश्वास हो गया है, पुस्तकों को हम कितना बड़ा समझते हैं और पुस्तकें जिनकी छाया हैं, उनको कितना तुच्छ मानते हैं।" (*अशोक के फूल,* नवाँ संस्करण, 1968, पृ. 181) यहाँ हम आसानी से 'नृतत्त्व' के स्थान पर 'साहित्य' भी पढ़ सकते हैं। साहित्य की चर्चा करते समय द्विवेदीजी के सम्मुख सदैव हमारे घरों के निकट के चमार, धीवर, कोरी, कुम्हार आदि होते हैं, जिन्हें वे 'गणदेवता' कहते हैं और साहित्य के लक्ष्य के रूप में 'जाति-धर्म-निर्विशेष मनुष्य का हित' होता है। साहित्य को द्विवेदीजी इसी मनुष्य से मापते हैं। मनुष्य के इसी मानदंड को ध्यान में रखकर वे घोषणा करते हैं : "मैं साहित्य को मनुष्य की दृष्टि से देखने का पक्षपाती हूँ। जो वाग्जाल मनुष्य को दुर्गति, हीनता और परमुखापेक्षिता से बचा न सके, जो उसकी आत्मा को तेजोद्दीप्त न बना सके, उसे साहित्य कहने में मुझे संकोच होता है।" (पृ. 166) यह कथन कोरा, 'वाग्जाल' है

या ठोस प्रतिमान—इसका निश्चय करने के लिए द्विवेदीजी के 'कबीर' का स्मरण कर लेना काफी है।

यह सही है कि द्विवेदीजी से पहले आचार्य शुक्ल के सम्मुख भी साहित्य के मूल्यों की पीठिका में 'सामान्य मनुष्य' ही था, जैसा कि किसी-किसी ने संकेत किया है। किन्तु यह स्पष्ट होना चाहिए कि बहुत-सी बातों में समान होते हुए भी द्विवेदीजी का 'सामान्य मनुष्य' शुक्लजी के 'सामान्य मनुष्य' से भिन्न है। इस अन्तर को शुक्लजी के 'तुलसीदास' और द्विवेदीजी के 'कबीर' के आधार पर आसानी से समझा जा सकता है। इसका अर्थ यह नहीं है कि मनुष्य के प्रतिमान के रूप में मध्ययुगीन सन्त ही दोनों आचार्यों के काम्य थे। वस्तुतः तुलसी और कबीर काम्य मानव-प्रतिमा के आधार मात्र थे; स्वयं मानव-प्रतिमा के निर्माण में आधुनिक युग के वैज्ञानिक, ऐहिक और मानववादी विचारों की भूमिका कहीं अधिक थी। फिर भी द्विवेदीजी का मानव जिस हद तक 'जाति-धर्म निर्विशेष' और समाजवादी समाज के मानव के निकट था, शुक्लजी का मानव कदाचित् न था। वैसे, साम्यवाद और समाजवाद के विषय में आशंकाएँ दोनों को हैं—शुक्लजी को ज्यादा, द्विवेदीजी को कम। प्रगतिवाद का नाम शुक्लजी नहीं लेते, पर संकेत से अपने प्रिय कवि पन्त को उससे अलग रहने की सलाह देते हैं। द्विवेदीजी प्रगतिवाद और प्रगतिशील आन्दोलन की स्पष्ट चर्चा करते हैं, "उसे बहुत महान उद्‌देश्य से चालित" मानते हैं और यह भी स्वीकार करते हैं कि 'इसकी सम्भावनाएँ अत्यधिक हैं।' उन्हें चिन्ता है कि भक्ति आन्दोलन के समान "इस आन्दोलन में भी एक प्रकार की साम्प्रदायिकता के उगने के चिह्न दीखने लगे हैं।" स्पष्टतः इस चिन्ता में एक प्रकार की आत्मीयता है। इस प्रकार द्विवेदीजी अपने विचारों में शुक्लजी की अपेक्षा प्रगतिशील साहित्य की धारा के ज्यादा निकट प्रतीत होते हैं। फिर भी जहाँ तक साहित्य में ठोस यथार्थ अथवा वास्तविकता के महत्त्व का प्रश्न है, द्विवेदीजी कल्पनाशीलता को शुक्लजी से अधिक महत्त्व देते जान पड़ते हैं। इस तरह मानवमन के भीतर और बाहर के सापेक्षिक महत्त्व के बारे में भी जहाँ शुक्लजी अधिक बाह्यार्थवादी हैं, द्विवेदीजी भीतर को भी बाहर के समान ही महत्त्वपूर्ण मानते हैं। इसीलिए शुक्लजी का बुद्धिवाद जहाँ रहस्य का आभास देनेवाली रचनाओं

को एक सिरे से नकार देता है, द्विवेदीजी उस अतर्क्य रहस्य को भी सामाजिक सन्दर्भ में परखते हुए सार्थक मानने लगते हैं। किन्तु 'सामान्य मनुष्य' की प्रतिभा को लेकर शुक्लजी से द्विवेदीजी का सबसे ज्यादा मतभेद सामान्यता अथवा साधारणता को लेकर है। 'व्यक्ति-वैचित्र्यवाद' द्विवेदीजी को भी शुक्लजी के समान ही सामान्य मनुष्यता के पथ से विचलन के रूप में प्रतीत होता है, किन्तु शुक्लजी के विपरीत उसके लिए उसके मन में सहानुभूति का भाव है जैसे कि किसी 'असामान्य' आचार-विचार के लिए होता है। 'ऐबनॉर्मल' के वजन पर द्विवेदीजी इसे 'अवनर्मिल' कहते हैं और एक मनोचिकित्सक के समान ही वे किसी 'अवनर्मिल' को तिरस्कृत करने की अपेक्षा सहानुभूतिपूर्ण चिकित्सा का विषय मानते हैं। सम्भवतः इसीलिए द्विवेदीजी 'नार्म' अथवा 'सामान्य मर्यादा' को तोड़नेवाले किसी कवि अथवा लेखक को अपनी सहज सहानुभूति देते हैं। कुल मिलाकर आचार्य शुक्ल के 'सामान्य मनुष्य' की धारणा यदि उन्हें मर्यादावाद की दिशा में ले जाती है, तो द्विवेदीजी का सामान्य मनुष्य उन्हें जड़ मर्यादाओं को तोड़नेवाले विद्रोह की ओर ले जाता है। कहने की आवश्यकता नहीं कि सामान्य मनुष्य की यह परिकल्पना साहित्य की एक भिन्न धारणा को जन्म देती है।

यदि साहित्य का लक्ष्य मनुष्य है तो मनुष्य के समान साहित्य भी स्थिर नहीं, बल्कि गतिशील है। यदि मनुष्य की कोई स्थिर परिभाषा नहीं हो सकती तो साहित्य की ही क्यों हो? आकस्मिक नहीं है कि द्विवेदीजी ने अन्य आलोचकों की तरह 'कविता क्या है' अथवा 'साहित्य क्या है' जैसा लेख कभी न लिखा। साहित्य यदि 'तैयार माल' नहीं है तो साहित्य की कोई तैयार परिभाषा भी नहीं हो सकती। साहित्य इस दृष्टि से एक **ऐतिहासिक** अवधारणा है इसलिए साहित्य के बारे में यह कहा गया है कि वह इतिहास से **पलता** है।

लेकिन इसके साथ ही द्विवेदीजी ने इस बात पर भी बल दिया है कि साहित्य इतिहास को बनाता है। 'साहित्य का मर्म' में इस बात को और स्पष्ट करते हुए कहा गया है कि 'जीवन के सम्पूर्ण सार रसों से जो काव्य पुष्ट हुआ है वह जीवन की भाँति ही क्रियाशील, सर्जक और निरन्तर विकासमान वस्तु है। यह वांछनीय है।...काव्य सर्जक है, वह मनुष्य की दुनिया में नए

भावों की सृष्टि करके विधाता के भाव-जगत में वृद्धि करता आ रहा है।" (*विचार प्रवाह*, पृ. 131-32) तात्पर्य यह कि साहित्य यदि इतिहास को **बनाता** है तो किसी 'प्रत्यक्ष कारवाई' के द्वारा नहीं, बल्कि अपने सर्जन-धर्म के द्वारा। सृजनशीलता ही साहित्य की इतिहास-निर्मातृशक्ति है। इस सर्जनशीलता की पहचान इतिहास के सन्दर्भ में होती है।

इस दृष्टि से साहित्य की पूर्ववर्ती मान्यताओं की समीक्षा करते हुए द्विवेदीजी ने निरन्तर यह दिखाने का प्रयास किया है कि उन पर वर्ग-विशेष की विचारधारा का गहरा असर रहा है। 'साहित्य का मर्म' के प्रथम व्याख्यान में उन्होंने कहा है : "अलंकार ग्रन्थों और उनकी परिवर्ती टीकाओं में काव्य की परिभाषा की व्याख्या करने के बाद टीकाकार लोग प्रायः एक ही प्रकार का तर्क उठाते हैं; 'यदि यह परिभाषा स्वीकार कर ली गई तो बहुत-सी प्राचीन कविताओं को हम कविता नहीं कह सकते।' उत्तर में कहलाया जाता है—'यह तो हम चाहते ही हैं (इष्टापत्ति) कि जो रचनाएँ इस परिभाषा के बाहर पड़ जाएँ उन्हें कविता नहीं कहें।' फिर इसके उत्तर में कहलाया जाता है—'नहीं, आप ऐसा नहीं कह सकते। क्योंकि आप जिस बात को मानना चाहते हैं उसके मानने से शिष्ट सम्प्रदाय का विरोध होगा (शिष्ट-सम्प्रदाय-विरोधात्)—इत्यादि। इससे इतना तो स्पष्ट ही है कि पुराना भारतीय सहृदय शिष्ट-परम्परा के विरोध को बर्दाश्त नहीं कर सकता। यही कारण है कि पुराने संस्कृत साहित्य का एक महत्त्वपूर्ण भाग आलोचना-शास्त्र की बहुविघोषित मर्यादा से थोड़ा विच्छिन्न हो जाता है।" (*विचार प्रवाह*, पृ. 109)

यह शिष्ट-सम्प्रदाय प्रभुत्वशाली वर्ग का वह बुद्धिजीवी भाग है जो साहित्यिक मान्यताओं के द्वारा पूरे समाज पर उस वर्ग की विचारधारा का प्रभुत्व कायम करता है। इसलिए द्विवेदीजी ने बड़े विस्तार से काव्यशास्त्रेतर प्राचीन ग्रन्थों के प्रमाण पर नागरक की दिनचर्या, विदग्ध गोष्ठियों के क्रियाकलाप तथा सरस्वती विहार आदि की गतिविधियों की चर्चा की है। इन विवरणों से स्पष्ट हो जाता है कि साहित्य की मान्यताएँ प्रभुत्वशाली विचारधारा का ही एक अंग हैं। इससे यह निष्कर्ष स्वभावतः निकलता है कि साहित्यिक मान्यताओं और साहित्य की परिभाषाओं के विरुद्ध संघर्ष

वस्तुतः एक कठिन विचारधारात्मक संघर्ष है।

स्वयं हिन्दी साहित्य के इतिहास में इस विचारधारात्मक संघर्ष को योगियों और सन्तों के साहित्यिक मूल्यांकन में स्पष्टतः देखा जा सकता है। आचार्य शुक्ल ने सिद्धों और योगियों की रचनाओं को 'साहित्य' न मानते हुए लिखा है कि वे साम्प्रदायिक शिक्षा-मात्र हैं, जीवन की स्वाभाविक अनुभूतियों और दशाओं से उनका कोई सम्बन्ध नहीं। अतः वे शुद्ध साहित्य की कोटि में नहीं आतीं। लगभग इसी तर्क को निर्गुण सन्तों की रचनाओं पर लागू करते हुए वे आगे कहते हैं कि "इस शाखा की रचनाएँ साहित्यिक नहीं हैं, फुटकल दोहों या पदों में हैं जिनकी भाषा और शैली अधिकतर अव्यवस्थित और ऊट-पटाँग है।" ऊपर-ऊपर से देखने पर साहित्य की यह कसौटी एकदम 'साहित्यिक' और 'शुद्ध' मालूम होती है, किन्तु कुछ ही देर में इस साहित्यिकता का सांस्कृतिक और सामाजिक आधार अनावृत होकर सामने आ जाता है। शुक्लजी कहते हैं कि "संस्कृत बुद्धि, संस्कृत हृदय और संस्कृत वाणी का वह विकास इस शाखा में नहीं पाया जाता जो शिक्षित समाज को अपनी ओर आकर्षित करता।" योगियों और निर्गुण सन्तों में 'संस्कृत बुद्धि, संस्कृत हृदय और संस्कृत वाणी का विकास' क्यों नहीं हो सका, इसका कारण सम्भवतः शुक्लजी के इस कथन में है कि "चौरासी सिद्धों में बहुत से मछुए, चमार, धोबी, डोम, कहार, लकड़हारे, दरजी तथा और बहुत से शूद्र कहे जानेवाले लोग थे।...जो शास्त्रज्ञान सम्पन्न न थे, जिनकी बुद्धि का विकास बहुत सामान्य कोटि का था।" इस प्रकार साहित्य की कसौटी का आधार सामाजिक और सांस्कृतिक है। जो 'सुसंस्कृत' है उसकी गाली भी साहित्यिक है, लेकिन जो 'असंस्कृत' है उसकी डाँट-फटकार भी असाहित्यिक है। तुलसीदास यदि अलख जगानेवालों को 'नीच' कहें तो वह काव्य है, लेकिन कबीर का यह कथन अशिष्ट गाली है, "पाँड़े कौन कुमति तोहें लागी। तू राम न जपहि अभागी।" इस मान्यता के चलते एक की दार्शनिक उक्तियाँ काव्य हैं और दूसरे की साम्प्रदायिक शिक्षा-मात्र! क्या इसलिए कि एक प्रभु वर्ग की 'संस्कृति' के पक्ष में बोलता है और दूसरा उस 'संस्कृति' का विरोध करता है?

द्विवेदीजी की सर्जक दृष्टि 'शिष्ट सम्प्रदाय' की इस साहित्यिक कसौटी

के विरुद्ध विद्रोह है। 'हिन्दी साहित्य का आदिकाल' (1952) में इस कसौटी का प्रतिवाद करते हुए वे कहते हैं : "इस अन्धकार युग को प्रकाशित करने योग्य जो भी चिनगारी मिल जाए उसे सावधानी से जिलाए रखना कर्तव्य है; क्योंकि वह बहुत बड़े आलोक की सम्भावना लेकर आई होती है, उसके पेट में केवल उस युग के रसिक हृदय की धड़कन की ही नहीं, केवल सुशिक्षित चित्त के संयत और सुचिन्तित वाक्पाटव की ही नहीं, बल्कि उस युग के सम्पूर्ण मनुष्य को उद्भासित करने की क्षमता छिपी होती है।" (पृ. 27) यह कथन केवल साहित्य की एक संकीर्ण समझ के विपरीत व्यापक दृष्टि का ही परिचायक नहीं है; बल्कि यहाँ स्पष्टतः साहित्य की उस कसौटी का प्रत्याख्यान किया गया है जो किसी कृति में केवल 'रसिक हृदय की धड़कन' देखना चाहती है और "सुशिक्षित चित्त के संयत और सुचिन्तित वाक्पाटव" के आधार पर साहित्यिक कृतियों को 'साहित्यिकता' का प्रमाणपत्र देती है। इस स्थिर सुशिक्षित रुचि के विरुद्ध द्विवेदीजी एक सर्जक और इतिहासकार के नाते 'सम्भावना' की तलाश करते हैं और यह देखने का आग्रह करते हैं कि किसी कृति में "उस युग के सम्पूर्ण मनुष्य को उद्भासित करने की क्षमता" किस हद तक है? कहने की आवश्यकता नहीं कि द्विवेदीजी का यह 'सम्पूर्ण मनुष्य' साहित्य शास्त्र के 'रसिक' से अधिक बड़ा, अधिक सार्थक और कहीं अधिक प्रासंगिक है।

इसलिए द्विवेदीजी अलंकारशास्त्र के ग्रन्थों से बाहर निकलकर स्वयं सर्जनात्मक साहित्य के आधार पर साहित्य के सिद्धान्तों की खोज के पक्षपाती हैं। 'मध्यकालीन बोध का स्वरूप' में वाल्मीकि के अमर अनुष्टुप 'मा निषाद प्रतिष्ठां...' के महत्त्व की चर्चा करते हुए वे किंचित् खेद के साथ कहते हैं : "भारतीय परम्परा में इस घटना को बहुत महत्त्व दिया गया है। पर यह मानकर भी कि इस घटना से प्रथम काव्य का आविर्भाव हुआ, इसे उस प्रकार की रस-व्याख्या का आधार नहीं बनाया गया जैसा भरत के प्रसिद्ध सूत्र को। अगर इसे आधार बनाया गया होता तो कदाचित् मध्ययुग के आलोचक अधिक स्पष्टता के साथ सौन्दर्यबोध की रचनात्मक प्रक्रिया और सौन्दर्य की अभिव्यक्ति के स्वरूप को हृदयंगम कर सकते।" (पृ. 106)

इस चिन्तन में आदि काव्य की क्रौंचवधवाली घटना की उपेक्षा का

कारण यह है कि परवर्ती अलंकारशास्त्रियों की रुचि 'सौन्दर्यबोध की रचना-प्रक्रिया' में नहीं, बल्कि उसके आस्वाद और रसानुभूति में थी। इसलिए 'शोक' के 'श्लोक' बनने की चर्चा तो बहुत हुई किन्तु उसका केन्द्र सहृदय ही था। इस ओर ध्यान देना आवश्यक नहीं समझा गया कि आदि कवि ने अपने शोक को श्लोक का रूप किस प्रकार दिया? द्विवेदीजी ने संक्षेप में उस प्रक्रिया की ओर संकेत करते हुए कहा है : "वाल्मीकि ने नेता की ही खोज की थी। ऐसे नरचन्द्रमा की जिसमें मनुष्य की 'समग्रा लक्ष्मी' का निवास हो। उन्हें उन नेताओं के किसी ऐसे स्थायी भाव की खोज नहीं थी, जो विभावानुभाव संचारी भाव के संयोग से रस रूप में परिणत हो सके। वे मनुष्य के सम्पूर्ण और आदर्श रूप के जिज्ञासु थे।" (पृ. 107-108) यहाँ भी द्विवेदीजी की दृष्टि किसी 'स्थायी भाव' की खोज में नहीं अटकी, बल्कि वे वाल्मीकि के माध्यम से 'सम्पूर्ण मनुष्य' की तलाश में ही तत्पर हैं। वस्तुतः रचना-प्रक्रियावाली सर्जनात्मक दृष्टि का लक्ष्य मनुष्य ही होता है और काव्य में उसी के सम्मूर्तन की समस्या कवि की मुख्य समस्या होती है। आदि कवि के सर्जनात्मक प्रयास के द्वारा द्विवेदीजी ने एक बार फिर साहित्य-चिन्तन की मुख्य दिशा की ओर संकेत किया है।

इस कृती दृष्टि में स्वभावतः 'तैयार माल' की अपेक्षा सर्जक के प्रयास की परीक्षा अधिक महत्त्वपूर्ण होती है। 'भारतीय धर्म साधना में कबीर का स्थान' निश्चित करते हुए द्विवेदीजी रवीन्द्रनाथ का वह गीत उद्धृत करते हैं जिसकी पहली दो पंक्तियाँ हैं : "जीवने यत पूजा हलो न सारा/जानि हे जानि ताओ हय नि हारा।" अर्थात जीवन में जो पूजाएँ पूरी नहीं हो सकी हैं, मैं ठीक जानता हूँ कि वे भी खो नहीं गई हैं। यह कवि के प्रति न तो अतिरिक्त सहानुभूति है, न आलोचक की उदारता या अनुकम्पा ही। यह सृजन कर्म की सार्थकता की सच्ची पहचान है।

विचित्र बात है कि साहित्य-समीक्षा में इस कृती दृष्टि की हिमायत करते हुए भी द्विवेदीजी स्वयं अपनी कृतियों के लिए इस आधार पर कोई छूट नहीं लेते। 'बाणभट्ट की आत्मकथा' की समाप्ति पर द्विवेदीजी के 'अभिन्न' पंडित व्योमकेश शास्त्री यह टिप्पणी करना नहीं भूलते कि 'कादम्बरी में प्रेम की अभिव्यक्ति में एक प्रकार की दृप्त भावना है, परन्तु

इस कथा में सर्वत्र प्रेम की व्यंजना गूढ़ और अदृप्त भाव से प्रकट हुई है। ऐसा जान पड़ता है कि एक स्त्री-जनोचित लज्जा सर्वत्र उस अभिव्यक्ति में बाधा दे रही है।" निश्चय ही टिप्पणी का एक प्रयोजन पाठकों को संकेत से यह बता देना है कि यह बाणभट्ट की कृति नहीं, बल्कि आधुनिक मानस की सृष्टि है। किन्तु इस संकेत के अलावा क्या रचनाकार स्वयं यह स्वीकार नहीं करता कि बाणभट्ट का प्रेमवर्णन एक स्त्री-जनोचित लज्जा के कारण बाधित हो गया है और इसीलिए उसकी अभिव्यक्ति 'अदृप्त' रह गई है। यह दीगर बात है कि कुछ लोग इसे गुण भी मान सकते हैं; किन्तु क्या यह तथ्य नहीं है कि उस तथाकथित 'लज्जा' से जो वस्तुतः 'कुंठा' का ही शिष्ट रूप है, स्वयं बाणभट्ट का चरित्र काफी दब गया है? निर्णय जिस रूप में भी किया जाए, तथ्य यही है कि एक सजग रचनाकार ने अपनी रचना-प्रक्रिया का सूत्र ईमानदारी से खोलकर रख दिया है।

इसी प्रकार 'पुनर्नवा' में पंडित व्योमकेश शास्त्री की जो भूमिका न जा सकी, उसका परिहार बाद में एक पत्र के द्वारा करते हुए द्विवेदीजी ने अपने उन्हीं 'अभिन्न' के जरिए कहला दिया कि "कालिदास को आप इस ग्रन्थ में पूर्णरूप से प्रस्फुटित नहीं कर सके।" यह सही है कि इस दुर्बलता का एक कारण भी बताया गया है, किन्तु कमजोरी आखिर कमजोरी ही है और इतना भी क्या कम है कि रचनाकार स्वयं उसे स्वीकार करता है। 'अनामदास का पोथा' के अन्त में भी यह स्वीकार कर लिया गया है कि छान्दोग्य के उषस्ति इस उपन्यास में अपना अक्खड़ और फक्कड़ रूप एकदम खो बैठे हैं। वस्तुतः रचना में निर्दिष्ट ये असंगतियाँ रचना को समझने की दिशा में अन्तर्दृष्टि प्रदान करती हैं—ऐसी अन्तर्दृष्टि जो पेशेवर समीक्षकों की समीक्षाओं से प्रायः नहीं मिलती।

आत्म-समीक्षा के रूप में द्विवेदीजी की जिस कृती दृष्टि का परिचय मिलता है उसमें विशेष रूप से उल्लेखनीय है उनकी क्रीड़ाशीलता। वे साहित्य के बारे में बात करते हुए साहित्य की रचना करते हैं। उनके हाथों शास्त्र भी साहित्य बन जाता है और समीक्षा भी सर्जना। इस प्रक्रिया में भी अक्सर उनका फक्कड़ रूप प्रकट हो जाता है। किसी छन्द के साथ वे इस तरह खेलते हैं जैसे अर्थक्रीड़ा में उन्हें एक मजा मिल रहा हो। यह अर्थक्रीड़ा पंडितों

की नजर में उन्हें कभी-कभी गैर-जिम्मेदार भी बना देती है। फिर भी इसकी परवा किए बिना वे उस कृति के साथ खेलना छोड़ नहीं देते। इस वृत्ति का सर्वोत्तम रूप 'मेघदूत—एक पुरानी कहानी' में मिलता है। टीका भी कितनी सर्जनात्मक और रोचक हो सकती है उसका आदर्श है 'मेघदूत—एक पुरानी कहानी।' वस्तुतः यह एक पुनः सृष्टि है—कालिदास के मेघदूत के आधार पर अपने मेघदूत की रचना। प्रकृति में यह 'पुरानी कहानी' भी उनके ऐतिहासिक उपन्यासों से भिन्न नहीं है। इसे सहज ही उपन्यास के रूप में पढ़ा जा सकता है। गप्प मारने की चिर-परिचित कला यहाँ भी सक्रिय है।

शुरुआत ही इस अटकलबाजी से होती है कि यक्ष कौन था और कुबेर ने उसे देश निकाले की सजा क्यों दी? और कोई सजा क्यों नहीं।

"कुबेर चाहते तो जुर्माना कर सकते थे। पर वह दंड बेकार होता, क्योंकि कल्पवृक्ष से वह जो चाहता, वही माँग लेता और जुर्माना चुका देता। जेलखाने वहाँ शायद थे ही नहीं। उस नगरी में एकमात्र बन्धन प्रिया का बाहुपाश था। पर कुबेर ने इस दंड से कोई विशेष फायदा नहीं देखा। असल में देशनिकाले से बढ़कर और कोई दंड उस देश में हो ही नहीं सकता था। मगर यक्ष कुबेर का चाहे जितना भी अदना नौकर क्यों न हो, था देवयोनि का जीव। निधियाँ उसके अधिकार में थीं, सिद्धियाँ उसके लिए सबकुछ करने को प्रस्तुत थीं। इसलिए सिर्फ राजादेश से यदि दंड दिया जाता, तो यक्ष कुछ-न-कुछ ऐसा अवश्य कर लेता, जिससे वह अलका के बाहर भी आराम से रह सकता था। हजार हो, देवयोनि में जन्मा था, सो कुबेर ने उसे सजा नहीं दी, शाप दिया। देवता ही देवता को मारना जानता है। लोहा ही लोहे को काट सकता है।

"प्रेमजन्य प्रमाद साहित्य में और भी हुए हैं। यक्ष ने जो गफलत की, वैसी ही और भी कई बार की गई है। कहते हैं खानखाना अब्दुर्रहीम का एक साधारण भृत्य प्रिया-प्रेम में कर्तव्यबुद्धि से इतना हीन हो गया कि छह महीने तक काम पर ही न गया। गया तो डरता हुआ और जीवन की सबसे कठिन सजा सुनने की आशंका लिए हुए। उसकी प्रिया कविता लिख लेती थी। उसने पुरजे पर एक बरवै छन्द लिख दिया था। इस पर कवि रहीम ने भृत्य का अपराध क्षमा कर दिया था और पुरस्कार भी दिया था। वे मनुष्य थे,

पर कुबेर तो देवता थे। मनुष्य क्षमा कर सकता है, देवता नहीं कर सकता। मनुष्य हृदय से लाचार है, देवता नियम का कठोर प्रवर्तयिता है। मनुष्य नियम से विचलित हो जाता है, पर देवता की कुटिल भृकुटि नियम की निरन्तर रखवाली करती है। मनुष्य इसलिए बड़ा होता है कि वह गलती कर सकता है, देवता इसलिए बड़ा है कि वह नियम का नियन्ता है। सो कुबेर ने उसे शाप दे दिया।''

यह इतनी लम्बी व्याख्या सिर्फ एक शब्द की है–शाप की। विस्तार अवश्य है किन्तु कोई कह नहीं सकता कि 'अमूल' है या 'अनपेक्षित' है। वैसे ग्रन्थ के अन्त में भाष्य-शिरोमणि मल्लिनाथ को नमस्कार करते हुए टीकाकार ने इतनी-सी छूट लेने के लिए क्षमा माँग ली है कि कहीं-कहीं मूल को ईषत् छोड़ दिया है और विदग्धजनों की रुचि का ख्याल कर अनपेक्षित भी कह दिया है। फिर भी कुल मिलाकर है यह 'शाप' की व्याख्या ही। जो अतिरिक्त है, वह एक कृती की कल्प-सृष्टि है। इस सृजन में गप्प भी है, खिलवाड़ भी, सूझ भी और थोड़ा-सा उपदेश भी। देवता पर मीठा व्यंग्य। मनुष्य की महिमा पर विनम्र गर्व। फिर भी लगता नहीं कि उपदेश है। उपदेशकों से द्विवेदीजी को प्रकृत्या चिढ़ है। उपदेशक वे नहीं हैं, फिर भी उपदेश देते हैं। दूसरे आलोचकों की तरह आदेश, निर्देश, भर्त्सना आदि का तो उनके यहाँ नितान्त अभाव है। वस्तुतः काव्य-चर्चा उनके लिए जीवन-महोत्सव है। वे काव्य-चर्चा नहीं करते, उत्सव मनाते हैं। मुक्त, अकुंठ। एक-एक शब्द की चीर-फाड़ नहीं करते, सार्थक शब्द को निकालकर ऐसी जगह रख देते हैं कि अर्थ अपने आप जगमगा उठता है। शब्द की व्याख्या नहीं करते, उसे उपयुक्त सन्दर्भ देते हैं। यह सन्दर्भ ही उनका अपना सृजन है।

वैसे, कोई अर्थगर्भ शब्द सामने आ जाए तो वे उसकी अर्थच्छायाओं में भी जाते हैं और उनके आधार पर एक नए सौन्दर्य की सृष्टि करते हैं। मसलन 'मेघदूत' के ही दूसरे छन्द का 'सानु' शब्द। 'सानु' पर्वत-नितम्ब को कहते हैं। अब इस नितम्ब से लगा मेघ, जैसे हाथी ढूँसा मार रहा हो। यौन-संकेत स्पष्ट है। द्विवेदीजी का सौन्दर्योपासक मन एक सन्दर्भ देकर मौन रह जाता है।

कभी-कभी किसी शब्द के अर्थ को लेकर वे पुराने टीकाकारों से अलग जाने का भी साहस करते हैं; जैसे पूर्वमेघ के 55वें छन्द में 'करण-विगम।' वे इसे 'करणों' अथवा इन्द्रियों का अन्यमुखीकरण मानते हैं। कोशगत अर्थ से उन्हें सन्तोष नहीं।

वस्तुतः द्विवेदीजी की आलोचना में व्याख्या की भूमिका प्रधान नहीं है, प्रधान भूमिका है उद्धरणों के चयन की। प्रसंग के अनुकूल वे ऐसे उद्धरण चुनकर लाते हैं कि किसी अतिरिक्त युक्ति की आवश्यकता रह नहीं जाती। इस कला के क्षेत्र में वे अप्रतिम आचार्य हैं। जाने किस सन्दर्भ का छन्द उठाकर लाते हैं और ऐसे नए सन्दर्भ में रखते हैं कि सन्देह के लिए कोई गुंजाइश नहीं रहती। इस प्रकार वे नए-नए जीवन-सन्दर्भों से कविता का अर्थ-विस्तार करते हैं। अब कोई इस बात के लिए उन्हें आलोचक मानने से इनकार करे तो अपनी बला से! आलोचना उनके लिए विश्लेषण का पर्याय नहीं है, परोपजीवी आलोचना के लिए हो तो हो। वे सर्जक हैं, कृती हैं। दुष्यन्त के समान उन्हें यह समझ जल्दी आ गई थी कि तत्त्वान्वेषी अभागे हैं, कृती तो वह भौंरा है जो तत्त्वान्वेष के चक्कर में न पड़कर कानोंकान रहस्य की बात कहनेवाले ढीठ प्रेमी की भाँति शकुन्तला की भयभ्रान्त व्याकुलता का भी रस लेता है। यदि आलोचकों को अपनी विडम्बनापूर्ण स्थिति का बोध होगा तो देर-सबेर वे भी निश्चय ही यह कहने के लिए विवश होंगे कि 'वयं तत्त्वान्वेषान्मधुकर हतास्त्वं खलु कृती!'

व्योमकेश शास्त्री उर्फ हजारीप्रसाद द्विवेदी

एक हैं हजारीप्रसाद द्विवेदी, 'हिन्दी साहित्य की भूमिका' और 'कबीर' जैसे ग्रन्थों के लेखक। दूसरे हैं व्योमकेश शास्त्री, 'बाणभट्ट की आत्मकथा' और 'चारु चन्द्रलेख' जैसी कृतियों के रचनाकार। स्वयं द्विवेदीजी के अनुसार ये 'अभिन्न' हैं। अभिन्न मित्र नहीं, सिर्फ अभिन्न। एक क्यों नहीं? आखिर इस 'अभिन्न' की आवश्यकता क्यों? व्योमकेश शास्त्री के जन्म की कहानी एक लेख में द्विवेदीजी ने स्वयं ही लिख दी है। बात जवानी के दिनों की है। अपने ज्योतिष गुरु के मत की आलोचना में एक लेख लिखा। अपने नाम से छपाने की हिम्मत न थी। इसलिए नाम छिपाने के लिए एक छद्म नाम चुना–व्योमकेश शास्त्री। विधि की विडम्बना यह कि उस लेख के आधार पर शास्त्रीजी को एक शास्त्रार्थ में भाग लेने का निमन्त्रण आ गया। रहस्य खुल जाने की स्थिति पैदा हो गई। गुरुदेव रवीन्द्रनाथ ठाकुर से सलाह लेने गए। गुरुदेव ने क्षणभर आँखों में देखा, फिर सहज भाव से कहा : "न जाओ। तुममें सत्य के प्रति जितनी आस्था है, उससे कहीं अधिक भय और

संकोच है। तुमने अपना नाम छिपाया, वहीं से गलत रास्ते पर चल पड़े। देखो, जब किसी की प्रतिकूल आलोचना करनी हो तो नाम मत छिपाया करो। नाम छिपाना भी सत्य को छिपाना ही है।'' बहरहाल संकट किसी तरह टल गया। गुरुजी ने क्षमा भी कर दिया। फिर भी व्योमकेश शास्त्री को छुट्टी नहीं मिली। प्रतिकूल आलोचनाओं के लिए तो उनका उपयोग नहीं हुआ, पर कुछ ललित लेख उन्हीं के नाम से छपे, जो 'विचार और वितर्क' में संकलित हैं। लेकिन बात यहीं खत्म नहीं हुई। 'बाणभट्ट की आत्मकथा' के साथ भी शास्त्रीजी का नाम चिपका है, और 'चारु चन्द्रलेख' के साथ भी। 'पुनर्नवा' को उनसे मुक्ति मिली, लेकिन कुछ दिनों बाद जब लेखक से उसकी रचना-प्रक्रिया पर लिखने के लिए कहा गया, तो शास्त्रीजी फिर याद आए और काम भी आए। गरज कि अभिन्न व्योमकेश शास्त्री लगभग आजीवन चिपके रहे। आखिर इसका रहस्य क्या है?

मन में सहज ही एक बात उठती है। जब अपने छद्म नाम की समस्या को लेकर द्विवेदीजी रवीन्द्रनाथ के पास गए तो उन्होंने उनसे क्यों नहीं पूछा कि आपने भानुसिंह के नाम से अपनी आरम्भिक रचनाएँ क्यों छपवाईं? रवीन्द्रनाथ ने जिस भय और संकोच का जिक्र किया था, क्या वह स्वयं अपना अनुभव था? इन प्रश्नों का सीधा उत्तर द्विवेदी-साहित्य में कहीं सुलभ नहीं है। परोक्ष उत्तर कहीं हो तो देखा जाए।

जयशंकर प्रसाद की कविताओं के प्रसंग में द्विवेदीजी ने एक विचित्र बात कही है। लिखा है : ''सौन्दर्य–पार्थिव सौन्दर्य–के प्रति प्रसाद का आकर्षण बहुत अधिक है परन्तु शुरू-शुरू में वे उसे व्यक्त नहीं कर पाते थे। उनके मन में इस बात से कुछ चिन्ता भी हुई। परन्तु फिर वे इस प्रकार सोचते जान पड़ते हैं कि आवरण और अवगुंठन बुरा क्या है। विधाता ने तो सारे संसार में अवगुंठन का जाल बिछा रखा है। नग्न और अनावृत्त सत्य उन्हीं को इष्ट नहीं है। यह आलोक और अन्धकार की आँखमिचौनी तो उन्हीं ने चला रखी है। इसी रास्ते सोचता हुआ कवि अन्त में **अवगुंठन के तत्त्ववाद** तक पहुँचता है। अब उसे समझ में आता है कि आरम्भ में ही जो विधाता ने उसके हृदय में झिझक और संकोच भर दिया था वह भी उनकी कृपा ही थी; वह भी उनकी एक लीला ही थी। प्रसादजी के काव्यों में और उनके

नाटकों में भी यही चिन्तन-प्रणाली स्पष्ट हुई है।" (*हिन्दी साहित्य : उसका उद्‌भव और विकास,* पृ. 292-93)

क्या स्वयं द्विवेदीजी इस 'अवगुंठन के तत्त्ववाद' के कायल थे? क्या स्वयं उनमें भी आरम्भ में कुछ झिझक और संकोच का भाव था—खासतौर से पार्थिव सौन्दर्य और प्रेम की अभिव्यक्ति को लेकर? प्रसाद के सन्दर्भ में द्विवेदीजी ने स्पष्ट लक्षित किया है कि इस झिझक, संकोच और सलज्ज अवगुंठन का सामाजिक कारण है। कवि जिस रूप में जगत के सौन्दर्य को देख रहा है वह परिपाटीविहित रसज्ञता के अनुकूल नहीं है। तो क्या स्वयं द्विवेदीजी भी इस सामाजिक निषेध से किसी हद तक पीड़ित थे?

पहले 'बाणभट्ट की आत्मकथा' को लें। व्योमकेश शास्त्री ने स्वयं स्वीकार किया है कि उसमें प्रेम की व्यंजना 'गूढ़ और अदृप्त' भाव से प्रकट हुई है। फिर इस 'आत्मकथा' की लेखिका मिस 'कैथराइन' की आत्मस्वीकृति के अनुसार जब की यह कथा है "वे दिन लज्जा और संकोच में ही निकल गए।" कथा लिखने का साहस उन्हें तब हुआ जब वे 68 वर्ष की हो गईं। बाद में लिखी हुई चिट्ठी में स्पष्ट संकेत है कि दरअसल बाणभट्ट की आत्मकथा के बहाने उन्होंने अपनी ही कथा लिखी है अर्थात आत्मकथा है भट्टिनी की ही—भट्टिनी की दृष्टि से देखे हुए अपने प्रिय बाणभट्ट की छवि। मिस कैथराइन को सीधे-सीधे लिखने का साहस नहीं हुआ, इसलिए उन्होंने यह परोक्ष विधि अपनाई और उसे वैष्णव भक्ति के तत्त्ववाद का सहारा लेकर एक अवगुंठन में लपेट दिया। जिस तन्मयता से वह रात-भर उसे लिखती रहीं, वह किसी पांडुलिपि की प्रतिलिपि-मात्र का काम नहीं हो सकता। उन्होंने स्वयं ही यह संकेत दिया है कि बाणभट्ट केवल भारत में ही नहीं होते, इस नरलोक से किन्नरलोक तक एक ही रागात्मक हृदय व्याप्त है। इस प्रकार इस कथा में चक्र के भीतर चक्र है : आवरण पर आवरण। क्या यह सिर्फ एक कौशल है? इस कौशल में छिपाव का कोई भाव नहीं? क्या प्रसाद की तरह यहाँ भी 'अवगुंठन के तत्त्ववाद' में अपने-आपको छिपाने की कोशिश नहीं है?

'चारु चन्द्रलेख' में मिस कैथराइन का स्थान अवधूत अघोरनाथ ले लेते हैं और इस प्रकार वह भट्टिनी की जगह चन्द्रलेखा की आत्मकथा

बनकर सामने आता है। आरम्भ में कुछ ऐसा संकेत मिलता है कि तीन कोणों से कथा कहने की योजना है : कुछ अंश सातवाहन के कोण से, कुछ चन्द्रलेखा के कोण से और शेष अन्य पुरुष, अर्थात अघोरनाथ की टिप्पणियों के रूप में। व्याकरण की भाषा में उत्तम पुरुष, मध्यम पुरुष और अन्य पुरुष। इस बात की पुष्टि उन स्थलों से होती है जहाँ चन्द्रलेखा अपनी कथा अन्य पुरुष शैली में कहती है। किन्तु ऐसा लगता है कि इस विन्यास की जटिलता को देखते हुए आगे चलकर इसे छोड़ दिया गया है। कथा का सबसे नाजुक अंश है सातवाहन-मैना का परस्पर अनुराग। दोनों ओर पर्याप्त संकोच है—इतना संकोच है कि मैना अपने-आपको छिपाने के लिए पुरुष वेश धारण कर लेती है और बाद में जब यह भेद खुल जाता है तब भी अन्त तक दोनों इस वेश-परिवर्तन पर रहस्य का आवरण डाले हुए रागात्मक सम्बन्ध निभाए चलते हैं।

'पुनर्नवा' में व्योमकेश शास्त्री की आड़ लेते न देखकर लगता है कि प्रौढ़वय के कारण झिझक दूर हो गई। लेकिन इस एक आड़ के हटते ही अधिकांश चरित्र अपने-आपको छिपाए फिरने के लिए विवश होते हैं। लोरिक और सँवरू देर तक छिपते फिरते हैं; यहाँ तक कि परम पंडित देवरात भी मंजुला देवी के प्रेम की चोट खाकर आश्रम तज देते हैं। सर्वत्र एक ही कारण है—लोकापवाद।

इस प्रकार द्विवेदीजी अपनी कृतियों में कम-से-कम दुहरा अवगुंठन इस्तेमाल करते हैं : एक तो अपने अभिन्न व्योमकेश शास्त्री का और दूसरा वह व्यक्तिचरित्र जो पूरी कथा लिखकर शास्त्रीजी को देता है। दोनों के लिए एक तत्त्ववाद है, जिसे वैष्णव दर्शन सुलभ कर देता है। मूल सिद्धान्त है अपने को कर्त्ता न मानना। इस धारणा का आधार है द्विवेदीजी का यह प्रिय श्लोक—

तत्रैवं सति कर्त्तारमात्मानं मन्यते तु यः।
पश्यत्यकृत-बुद्धित्वान्न स पश्यति दुर्मतिः॥

जो अपने को कर्त्ता मानता है वह स्वयं श्रीकृष्ण भगवान की नजरों में 'दुर्मति' है। सो हजारीप्रसाद द्विवेदी 'दुर्मति' कहलाने से बचने के लिए अपना कर्तृत्व सौंप देते हैं व्योमकेश शास्त्री को, और उनके अभिन्न व्योमकेश शास्त्री किसी

अन्य को। इसके पीछे भी वही तत्त्ववाद है जिसका जिक्र द्विवेदीजी ने प्रसाद के प्रसंग में किया है। भगवान स्वयं नर रूप धारण कर अपनी लीला का विस्तार करते हैं। कथा-कृति की रचना-प्रक्रिया में यह एक प्रकार का अवतारवाद ही है। कहने की आवश्यकता नहीं कि यह तत्त्ववाद साहित्य में एक तरह से चिर-परिचित निर्वैयक्तिततावाद के सिद्धान्त की प्रतिष्ठा करता है। कला-सृजन में निर्वैयक्तिक होने के लिए कलाकार 'मास्क' अथवा मुखौटे का प्रयोग करता है। कहने की आवश्यकता नहीं कि द्विवेदीजी ने इस मुखौटे की प्रविधि का प्रयोग जमकर किया है।

द्विवेदीजी के लिए मुखौटे के प्रयोग का एक विशेष कारण प्रतीत होता है। व्योमकेश शास्त्री के शब्दों में "जब आप नीरस कामों से थक जाते हैं तो इस प्रकार के गप्पों की रचना में विश्राम पाते हैं।" लेकिन बात केवल नीरस कामों से थकने की ही नहीं है। सवाल 'नीरस काम' करनेवाले व्यक्तित्व का है। नीरस काम करनेवाले द्विवेदीजी **आचार्य** हैं। एक आचार्य गप्प मारने की 'भूमिका' नहीं निभा सकता। इस 'भूमिका' के लिए एक विशेष प्रकार के व्यक्तित्व की जरूरत है। इसके लिए ऐसा व्यक्ति वांछनीय है जो पंडित होते हुए भी आचार्य के लोकदत्त पदभार से मुक्त हो। पंडित व्योमकेश शास्त्री से बढ़कर उपयुक्त व्यक्ति और कौन हो सकता है इस भूमिका के लिए! इस प्रकार व्योमकेश शास्त्री 'गप्प' की सर्जनात्मक 'भूमिका' के लिए गढ़े हुए एक चरित्र हैं।

कला के इतिहास से परिचित विद्वान जानते हैं कि आदिम युग से मुखौटों का प्रयोग होता आया है। नृत्य और नाट्य की ऐसी अनेक शैलियाँ आज भी प्रचलित हैं जिनमें मुखौटे अभिव्यक्ति के लिए सबसे समर्थ साधन माने जाते हैं। स्वयं भरतमुनि ने 'नाट्यशास्त्र' में 'प्रतिशीर्षक' नाम से मुखौटों के प्रयोग की चर्चा की है। आधुनिक युग में तो आलोचकों ने कविता के अन्तर्गत छोटे प्रगीतों तक में कवि द्वारा प्रयुक्त मुखौटे का अस्तित्व लक्षित किया है। मुखौटे के बारे में आस्कर वाइल्ड ने तो यहाँ तक कहा है कि किसी सभ्य समाज में लोगों के बारे में जो दिलचस्प चीज है वह मुखौटा है जो उनमें से प्रत्येक धारण करता है, न कि मुखौटे के पीछे की वास्तविकता। उनकी यह भी धारणा थी कि मनुष्य जब स्वयं बोलता है तो अपने असली रूप में

नहीं होता। उसे एक मुखौटा दे दीजिए, फिर देखिए वह सच बोलने लगेगा। दरअसल मुखौटा इसलिए मूल्यवान है कि वह स्वयं एक कलाकृति है और कलाकृति स्वयं मनुष्य से ज्यादा अभिव्यंजक होती है। विचित्र विरोधाभास है कि जो मुखौटा चेहरा छिपाता है, वही भावों को ज्यादा से ज्यादा उद्घाटित करता है।

इसलिए द्विवेदीजी जब अपनी कथाकृतियों में अपने-आपको किसी कल्पित कथावाचक की ओट में छिपाते हैं तो प्रयोजन अपने आपके अधिक-से-अधिक उद्घाटन का ही होता है। इस एक मुखौटे के द्वारा सारी कुंठा हवा हो जाती है और सहज अभिव्यक्ति का द्वार खुल जाता है। यदि यह मुखौटा न होता तो शायद हिन्दी साहित्य 'बाणभट्ट की आत्मकथा', 'चारु चन्द्रलेख', पुनर्नवा', अनामदास का पोथा' की सुकुमार-संवेदनावाली साहसिक प्रेम कहानियों से वंचित रह जाता। आकस्मिक नहीं है कि द्विवेदीजी के सारे उपन्यास मूलतः प्रेमकथा ही हैं और इन सबमें प्रेम का एक चिर-परिचित त्रिकोण है, किन्तु त्रिकोण में ईर्ष्या के स्थान पर समरस सम्बन्ध का अद्भुत निर्वाह किया गया है–निश्चय ही एक तत्त्ववाद के अधीन!

किन्तु द्विवेदीजी की विशिष्टता मुखौटे की प्रविधि के प्रयोग से अधिक स्वयं उस मुखौटे की नवीन परिकल्पना में है। वस्तुतः किसी कलाकार की पहचान उस मुखौटे से होती है जो एक निश्चित भूमिका अदा करने के लिए बनाता है। भूमिका की सफलता उस मुखौटे की कलात्मक प्रकृति पर निर्भर है। द्विवेदीजी ने अपने फक्कड़पन वाले दर्शन के अनुरूप ही मुखौटे के रूप में बराबर ऐसे चरित्र का निर्माण किया है जो स्वभाव से थोड़ा फक्कड़ हो। 'बाणभट्ट की आत्मकथा' की दीदी मिस कैथराइन भी थोड़ी सनकी हैं, 'चारु चन्द्रलेख' के अघोरनाथ तो खैर अवधूत हैं ही, लेकिन इन सबके सिरमौर अनामदास हैं।

'बाणभट्ट की आत्मकथा' में बाणभट्ट की कहानी से लोग इतने अभिभूत हो जाते हैं कि मुखौटे के रूप में प्रयुक्त दीदी की कहानी के महत्त्व की ओर ध्यान ही नहीं जाता, जबकि स्वयं दीदी की मर्मवेदना-जनित सनकीपन की कहानी सम्पूर्ण उपन्यास का 'स्वर' निर्धारित करनेवाली है और ध्यान से सुनते तो नेपथ्य में धीमे-धीमे अन्तर्ध्वनि के समान निरन्तर बजती

रहती है। इसके विपरीत 'चारु चन्द्रलेख' में यदि अघोरनाथ के समाधिस्थ चित्त में प्रतिफलित बातें कोई महत्त्वपूर्ण भूमिका नहीं निभातीं तो समूचे उपन्यास का विन्यास उससे प्रभावित होता है और जैसी कि आलोचकों की राय है, तितर-बितर हो जाता है। इस दृष्टि से 'अनामदास का पोथा' में स्वयं कथा चाहे जितनी इकहरी हो, किन्तु उसकी 'भूमिका' सबसे दिलचस्प और जोरदार है क्योंकि इसमें स्वयं अनामदास का चरित्र कथानायक रैक्व से भी ज्यादा दिलचस्प है। दरअसल यह 'भूमिका' अपने-आपमें स्वयं एक व्यक्ति-व्यंजक निबन्ध है। उल्लेखनीय है कि द्विवेदीजी ने उसका एक शीर्षक भी दे दिया है : अब मैं नाच्यो बहुत गुपाल!

अपने-आपको द्विवेदीजी ने जितना इस 'भूमिका' में उद्घाटित किया है, शायद ही कहीं अन्यत्र किया हो! भूमिका क्या है जैसे जीवन की सान्ध्य बेला में सारे जीवन का सिंहावलोकन!

"पीछे की ओर देखता हूँ, विराट रिक्तता! जो कुछ करता रहा हूँ वह क्या सचमुच किसी काम का था? अपनी सीमाओं, त्रुटियों, ओछाइयों को छिपाकर अपने को कुछ इस ढंग से दिखाना कि मैं सचमुच कुछ हूँ, यही तो किया है। छोटी-छोटी बातों के लिए संघर्ष को बहादुरी समझा है, पेट पालने के लिए छीना-छपटी को कर्म माना है, झूठी प्रशंसा पाने के लिए स्वाँग रचे हैं—इसी को सफलता मान लिया है। किसी बड़े लक्ष्य को समर्पित नहीं हो सका, किसी का दुःख दूर करने के लिए अपने को उलीचकर दे नहीं सका। सारा जीवन केवल दिखावा, केवल भोंड़ा अभिनय, केवल हाय-हाय करने में बीत गया। तुलसीदास ने मेरे-जैसे ही किसी को देखकर कहा होगा—'कोउ भल कहउ, देउ कछु, असि वासना न मन तैं जाई।'"

ऐसा लगता है, नाटक समाप्त होने से पहले ही अभिनेता अपनी सारी सज्जा उतारकर दर्शकों के सामने खड़ा है और कह रहा है कि अब यह नाटक मुझसे न होगा! साहित्य में आत्मवेदना का ऐसा अनावृत्त स्वर तुलसी और शायद निराला के बाद यहीं सुनने को मिलता है।

यह आत्मवेदना इसलिए और भी गहरी है कि इसमें आत्मोपहास का स्वर घुला हुआ है। व्यथा आत्मदया में नहीं डूबने पाती। बीच-बीच में आत्मव्यंग्य उसे कोड़े मारता रहता है। कभी अपने नाम का मजाक, कभी

अपने काम का! कभी अनामदास की अंगद कूद का, कभी ज्योतिष का, कभी इस बात का कि "हर विश्वास-परायण हिन्दू के समान वे भी हिसाबी थे" और कभी उन लोगों पर जो अपने को 'प्रोग्रेसिव' या प्रगतिशील कहते हैं और आदिम मनोवृत्ति के अनुरूप विरोधी के पुतले जलाते हैं, मुर्दाबाद के नारे लगाते हैं। फिर भी व्यंग्य की मुख्य धार अपने ही ऊपर है। अनाम के बहाने शायद अपने ही लिए यह टुकड़ा कहा गया है : "अनाम के भीतर सोया हुआ कोई कवि भी है। रह-रहकर वह जाग पड़ता है, फिर किसी अदृश्य चाबुक की चोट खाकर बेहोश हो जाता है। न मरता है, न मोटाता है। अनाम के भीतर का आलोचक सब समय गर्जन-तर्जन द्वारा उसका होश-हवास गुम करता रहता है। पर ऐसा लगता है कि यह आलोचक जितना गर्जन करता है उतना शक्तिशाली नहीं है। कालिदास ने अपने एक विदूषक से कहलवाया है कि जैसा साँपों में डुंडुभ होता है वैसा ही ब्राह्मणों में मैं हूँ। डुंडुभ बिलकुल निर्विष सर्प है। अनाम का आलोचक भी आलोचकों में डुंडुभ ही है। कहने का मतलब यह है कि अनामदास के भीतर का कवि सुप्त है, आलोचक अशक्त। फिर भी कोई बात है जो आकृष्ट करती है।" अन्त में 'सब हवा है' कहकर द्विवेदीजी फक्कड़ाना अन्दाज में सारी व्यथा को उड़ा देते हैं। क्या यह मुखौटा अपने आपमें आकर्षक और कलापूर्ण नहीं है?

यह नाटकीय प्रविधि इस हद तक द्विवेदीजी के स्वभाव का अंग बन चुकी है कि इसका उपयोग वे अपने उपन्यासों के बाहर भी यथावसर करने से नहीं चूकते—खासतौर से जब मर्म पर चोट लगती है। 'मेघदूत' की टीका करते हुए 'दिङ्नागानां पथि परिहरन्स्थूलहस्तावलेपान्' पर लिखते हैं : "दिङ्नाग पंडित बड़े शास्त्रार्थी थे। अपने तीक्ष्ण शर के समान वेध देनेवाले तर्क के मारे वे स्वयं परेशान रहते थे। तर्क की आँच से उनकी सारी सहृदयता सूख गई थी। वे कालिदास से भी भिड़ पड़े थे। भला तर्क-कर्कश पंडित और सहृदय रसवर्षी कवि का क्या मुकाबला! परन्तु दिङ्नाग तो उस गँवार पहलवान की भाँति हर आदमी को ललकारा करते थे, जो सबकी महिमा की परीक्षा पंजा लड़ाकर किया करता था। दिङ्नाग को लोग पंजा लड़ानेवाला ही कहने लगे थे। उन्होंने 'हस्तबल-प्रकरण' या 'मुष्टि-प्रकरण' नामक ग्रन्थ लिखा था। परिहास में कालिदास के अनुयायियों ने 'मुष्टि-प्रकरण' का अर्थ

कर लिया 'पंजा लड़ाने की कला बतानेवाला ग्रन्थ!' इस प्रकार दिङ्नाग पंडित स्वयं 'हस्तबल' या 'मुष्टिबल' के कायल थे।''

अब यह अलग से बतलाने की जरूरत नहीं है कि जीवन में द्विवेदीजी को स्वयं भी कभी ऐसे ही दिङ्नाग से पाला पड़ा था!

जिन्हें द्विवेदीजी से निजी पत्र पाने का सौभाग्य प्राप्त हुआ है उनकी साक्षी से भी पता चलता है कि व्योमकेश शास्त्री के रचे छन्दों द्वारा वे मन का तनाव ढीला कर लिया करते थे। काशी हिन्दू विश्वविद्यालय के रेक्टर पद से त्यागपत्र देने के बाद 18 दिसम्बर, 1969 को सुमनजी को कुछ ऐसी ही मनःस्थिति में लिखा :

पढ़ा पढ़ाया, लिखा लिखाया, अब क्या करना बाकी।
व्योमकेश दरवेश चलो गंगा के तट एकाकी॥

कभी-कभी व्योमकेश पंडित शुद्ध विनोद के लिए संस्कृत छन्द में भी चालू हो जाते थे। शान्तिनिकेतन की एक विचारगोष्ठी की पूरी रिपोर्ट शास्त्रीजी ने संस्कृत पद्य में लिख डाली जिसका एक छन्द यहाँ बानगी के लिए पेश हैं :

**सद्यः स्नान-समापनान्तरधुत-प्रोद्भासिका-कांगना–*
दीप्तिं चोरणतत्परां नवतरां टोपीं वहन्मूर्ध्न्यसौ
किंचिद्रूढ़वटप्ररोहजटिलां दाढीं समाम्रेढयन्
मौलानाऽऽदमुदीनसाहिब वरो हद्दीसमाख्यातवान्।

[तुरन्त स्नान समाप्त करने के बाद अपने पंखों को झाड़ देने से उद्भासित कौए की बहू की दीप्ति चुरा लेने में सदा तत्पर टोपी शिर पर धारण किए हुए, वे थोड़ी-थोड़ी उगी हुई बरगद के बरोह के समान जटिल दाढ़ी को सहलाते हुए मौलाना आदमुद्दीन साहेब हदीस पर बोले।]

यही वृत्ति प्रायः उनके भाषणों में भी दिखाई पड़ती थी, जिनमें बीच-बीच में विनोदपूर्ण चुटकुलों और किस्मों की छौंक देकर वे गम्भीर पांडित्य का भार हलका किया करते थे। जैसा कि 'अशोक के फूल' में उन्होंने लिखा है, ''पंडिताई भी एक बोझ है–जितनी ही भारी होती है उतनी ही तेजी

---

* शिवानीजी के सौजन्य से प्राप्त।

से डुबाती है। जब वह जीवन का अंग बन जाती है तो सहज हो जाती है। तब वह बोझ नहीं रहती। वह उस अवस्था में उदास भी नहीं करती।''

जिसे वे 'गप्प' कहते थे, वह पंडिताई के बोझ को हल्का करने की ही विधि नहीं थी, उदासी को कम करने की भी कला थी और कहने की आवश्यकता नहीं कि उसे उन्होंने अपने स्वभाव का सहज अंग बना लिया था।

द्विवेदीजी के फक्कड़पन से इस 'गप्प' की कला का गहरा रिश्ता था और यह कहना असंगत न होगा कि साहित्य में उनकी अपनी विधा यह 'गप्प' ही थी। जिन्हें 'ललित निबन्ध', 'व्यक्ति व्यंजक निबन्ध', 'रम्य रचना' आदि जाने किन-किन भारी-भरकम नामों से सराहा जाता है, वे निबन्ध तो गप्प हैं ही, उनकी कथा-कृतियाँ भी इसी 'गप्प' के अन्तर्गत आती हैं। हिन्दी के साहित्य-शास्त्र में अगर इस विधा को अभी तक स्थान नहीं मिल सका है, तो इसलिए कि इस विधा का आविष्कार द्विवेदीजी ने ठेठ अपने लिए–अपनी विशिष्ट सर्जनात्मक अभिव्यक्ति के लिए किया था। 'गप्प' में उनका 'भदेसपन' भी है, कल्पनाशीलता भी, अंगदकूद भी, ढीलाढालापन भी, भाषा का सहजता प्रवाह भी और बीच-बीच में उद्धरण देने का शौक भी। इसी 'बेहद्दी मैदान' में उन्हें और उनकी प्रतिभा को खुल खेलने का मौका मिलता था। ऐसी प्रतिभा न तो निबन्ध नाम से जानी जानेवाली विधा के चौखटे में फिट आ सकती थी, न उपन्यास नामक सुनिश्चित विन्यासवाले कला रूप से ही सन्तुष्ट हो सकती थी। अकारण नहीं है कि उपन्यास की सुपरिचित विधा से बँधे आलोचकों को द्विवेदीजी की कथा-कृतियों को उपन्यास मानने में प्रायः संकोच हुआ है। गनीमत है कि हिन्दी में निबन्धों की कोई सधी-बँधी लम्बी परम्परा नहीं है, वरना उनके निबन्धों पर भी इसी तरह के प्रश्नचिह्न लगाए जाते। वैसे शुक्लजी के चिन्तामणिवाले निबन्धों को ही निबन्ध माननेवाले विधाबद्ध विद्वान द्विवेदीजी के निबन्धों के हल्केपन को बहुत ऊँची दृष्टि से देखते प्रतीत नहीं होते।

तो फिर यह 'गप्प' क्या है? जिस तरह द्विवेदीजी ध्वनि-परिवर्तन के अपने निजी नियम से 'कन्दर्प' और 'गन्धर्व' को सजातीय और सहोदर सिद्ध कर देते हैं, क्या उसी नियम से 'गप्प' के सुसंस्कृत रूप 'गल्प' और 'कल्प'

को सजातीय और सहोदर नहीं माना जा सकता? 'गप्प' हो भले ही 'गल्प' का ही तद्भव लेकिन 'गप्प' में जो व्यंजना है वह 'गल्प' की सीमा से बाहर पड़ती है; फिर भी कल्प-सृष्टि के 'कल्प' से उसका रिश्ता निकाला जा सकता है। यह कल्प-सृष्टि ही है जो द्विवेदीजी के निबन्धों से लेकर उपन्यासों तक एकतान है। यदि यह शास्त्र-परिगृहीत और शास्त्र-स्वीकृत नहीं है तो अनुकरणीय भी नहीं है। हर बड़ी प्रतिभा की तरह द्विवेदीजी ने अपने लिए अपनी काट का एक नया साहित्य-रूप गढ़ा है।

आखिर मांतेन से पहले यूरोप में भी 'एसे' कहाँ था? और जब वह गद्य की एक 'विधा' बनकर बेकन से हैजलिट तक पहुँचा तो क्या वह अपनी प्राणवत्ता में मांतेन का ही 'एसे' रह गया था? दरअसल इस विधा के जन्म का सम्बन्ध एक निश्चित सांस्कृतिक वातावरण और एक निश्चित मानसिकता के मनुष्य से है। कलाओं के इतिहासविद् केनेथ क्लार्क ने 'सिविलिजेशन' (1969) नामक अत्यन्त लोकप्रिय पुस्तक में उस वातावरण और उस मनुष्य को याद करते हुए लिखा है : ''सोलहवीं सदी के मध्य में कोई समझदार और खुले दिमाग का आदमी क्या कर सकता था? चुपाई मारे, एकान्त में काम करे, बाहर से हाँ-हाँ करे, अन्दर स्वतन्त्र रहे। धर्मयुद्धों ने यूरोप की सभ्यता में एक ऐसी नई मूर्ति का उद्रेक किया, जो चीन के महान युगों में पूर्वपरिचित है : बौद्धिक परिव्राजक। सोलहवीं सदी के मध्य का सबसे बड़ा मानववादी अपनी 'मीनार' में संन्यस्त हो गया—जो आधुनिक युग की हाथी दाँत की मीनार नहीं थी, बल्कि सचमुच की मीनार थी। यह था मिशेल दि मांतेन।...वह दोनों धार्मिक सम्प्रदायों से ही अनासक्त नहीं था, ईसाई धर्ममात्र के प्रति पूर्णतः सन्देहशील था। उसके 'एसेज' उद्धरणों से भरे पड़े हैं; लेकिन वे उद्धरण बाइबिल के नहीं हैं; ग्रीस और रोम के लेखकों से लिए गए हैं। वह क्लासिक-ग्रन्थों का पंडित था। लेकिन क्लासिक की पंडिताई से ज्यादा महत्त्वपूर्ण थी उसकी अनासक्ति। उसका मस्तिष्क एक ही चीज में संसक्त था, सत्य कथन। लेकिन उसके सत्य की धारणा उस धारणा से एकदम भिन्न थी जिसे गम्भीर लोग इरास्मस के 'न्यू टेस्टामेंट' में खोजते थे। उसमें हमेशा हर सवाल के दूसरे पहलू को देखने की कोशिश थी, चाहे वह दूसरा पहलू परम्परित प्रतिमानों पर कितना ही दहलानेवाला क्यों न हो। और

इस सत्य की प्रामाणिकता सिर्फ एक व्यक्ति पर निर्भर थी जिससे वह बिना किसी शर्म और झिझक के जिरह कर सकता था–वह स्वयं। अतीत में आत्म-परीक्षा पीड़ादायी और पश्चात्तापपूर्ण थी। मांतेन के लिए वह आनन्ददायक थी। उसने 'एसे' का आविष्कार इसी कार्य के लिए किया।''

इस लम्बे उद्धरण का प्रयोजन हजारीप्रसाद द्विवेदी को मांतेन साबित करना नहीं है। न बीसवीं सदी के मध्य का भारत सोलहवीं सदी के मध्य का यूरोप है और न द्विवेदीजी कोई बौद्धिक परिव्राजक, जो अपनी कुटिया में बन्द रहे। फिर भी मांतेन के उस मानववाद से द्विवेदीजी के मानववाद का कुछ रिश्ता तो है ही जो भारत के विवाद-संकुल चौथे-पाँचवें दशक को देखते हुए नितान्त दुर्लभ किन्तु बहुत राहत देनेवाला है। द्विवेदीजी के फक्कड़पन में भी बहुत कुछ उसी प्रकार का एक सन्देहवाद है, जो 'सिनिसिज़्म' और 'निहिलिज़्म' में निहित हिंसात्मक से बहुत भिन्न है। अपने-आपको तार-तार कर देखने की निर्मम वृत्ति उतनी तीव्र भले न हो किन्तु सत्य के दूसरे पहलू को देख लेने की सहिष्णुता यहाँ पूरी तरह मौजूद है। किन्तु इन सबसे बढ़कर है इस पूरी प्रक्रिया में बिना किसी प्रकार का अनुताप लाए हुए आनन्द लेने की वृत्ति। 'गप्प' का जन्म इसी वृत्ति में सम्भव है और कहना न होगा कि द्विवेदीजी के निबन्धों और कथा-कृतियों का गप्प इस आनन्दिनी-वृत्ति का कलात्मक विलास है।

इस प्रकार हजारीप्रसाद द्विवेदी और व्योमकेश शास्त्री में अपने-आपको द्विधा विभक्त करके द्विवेदीजी ने उस सृजनशीलता की रक्षा और विकास किया, जो हिन्दी साहित्य के लिए मूल्यवान उपलब्धि है।

●●●